RUMÄNIEN

INSIDER-TIPP
Deine Abkürzung ins Erleben!

Reisen mit MARCO POLO Insider-Tipps

MARCO POLO TOP-HIGHLIGHTS

FRÖHLICHER FRIEDHOF 1

So etwas gibt es hier und nur hier in Săpânța: Der Tod als besinnliche, bewegende, aber eben auch heitere Angelegenheit

Tipp: Komm gegen Abend bei warmem Licht und unterstreich die Buntheit zusätzlich mit Farbfilter.

➤ S. 45, Maramureş, Apuseni & Banat

EISHÖHLE SCĂRIŞOARA 2

Im zweitgrößten unterirdischen Gletscher der Welt lässt es sich hervorragend herumkraxeln.

➤ S. 48, Maramureş, Apuseni & Banat

SCHWARZE KIRCHE 3

Zwar ist sie jetzt eher grau, aber in ihrer umwerfenden Wucht immer noch das Wahrzeichen der tollen Altstadt von Brașov.

➤ S. 70, Siebenbürgen

PELEŞ 4

Das schönste Schloss Rumäniens ist märchenhaft und dazu noch in einer traumhafter Berglandschaft gelegen.

Tipp: Beim Hochspazieren in der Morgensonne, noch vor der Öffnungszeit, ist der Prachtbau unwiderstehlich.

➤ S. 75, Siebenbürgen

ALTSTADT VON SIBIU 5

Das komplett restaurierte Zentrum von Herrmannstadt ist so blitzeblank herrlich, als würde es täglich gesaugt und gemoppt.

Tipp: Der Hauptplatz mit seinem riesigen Schachbrettmuster kommt mit Weitwinkel erst richtig zur Geltung.

➤ S. 63, Siebenbürgen

PARLAMENTSPALAST 6

Steingewordene Gigantomanie des Diktators Ceaușescu in Bukarest: das zweitgrößte Gebäude der Welt

Tipp: Die tollste Aussicht auf den Koloss gibt´s vom Unirii-Boulevard – mit den bunten Fontänen im Vordergrund.

➤ S. 82, Bukarest & Walachei

TRANSALPINA-HOCHSTRASSE 7

Diese Karpatenüberquerung ist der Stoff für Legenden – ein Erlebnis, das du nicht wieder vergessen wirst.

Tipp: Fährt man von Süden nach Norden, sind die irren Serpentinen der Abfahrt besonders schön zu sehen.

➤ S. 91, Bukarest & Walachei

BICAZ-KLAMM 8

Man nennt diese verdammt enge Schlucht auch „Höllenschlund“. Noch Fragen?

➤ S. 99, Moldau & Bukowina

VORONEȚ 9

Das leuchtende Blau des herrlichsten Moldau-Klosters wurde zu einem eigenen Begriff der Kunstgeschichte (Foto).

➤ S. 102, Moldau & Bukowina

DONAUDELTA 10

Dieses absolut einmalige Ökosystem ist nur per Schiff und Kajak, für Pelikane und Kormorane aber auch fliegend zu erreichen.

➤ S. 104, Schwarzes Meer & Donaudelta

INHALT

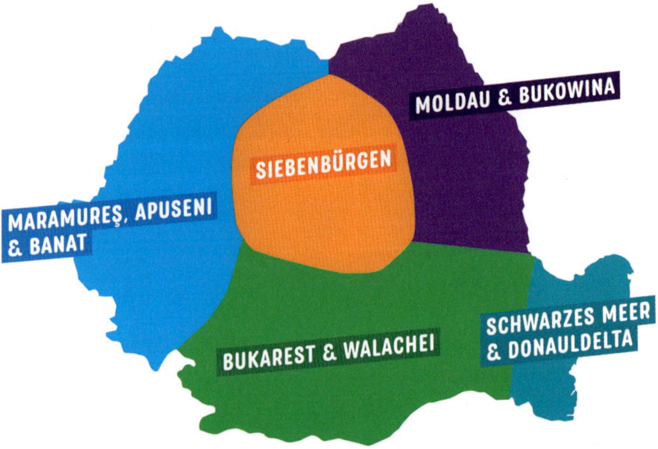
MOLDAU & BUKOWINA
SIEBENBÜRGEN
MARAMUREŞ, APUSENI & BANAT
BUKAREST & WALACHEI
SCHWARZES MEER & DONAULDELTA

Besuch planen
Essen/Trinken
€-€€€ Preiskategorien
Shoppen
(*) Kostenpflichtige Telefonnummer
Ausgehen
Top-Strände

(A2) Herausnehmbare Faltkarte
(a2) Zusatzkarte auf der Faltkarte
(0) Außerhalb des Faltkartenausschnitts

BESSER PLANEN MEHR ERLEBEN!

Digitale Extras
go.marcopolo.de/app/rum

MARCO POLO

DIGITALE EXTRAS

DIGITAL NOCH MEHR ERLEBEN

Schneller in Urlaubslaune kommen.

Perfekt organisiert sein – vor, während und nach dem Urlaub.

Mit der MARCO POLO Touren-App und unseren digitalen Angeboten.

Noch mehr Trendziele, Inspiration und aktuelle Infos findest du auf **marcopolo.de**

SO EINFACH GEHT'S

1. Website besuchen
2. Die digitale Welt von MARCO POLO entdecken
3. App runterladen und ab in den Urlaub

Alle Infos zum digitalen Angebot unter **marcopolo.de/app**

DAS BESTE ZUERST

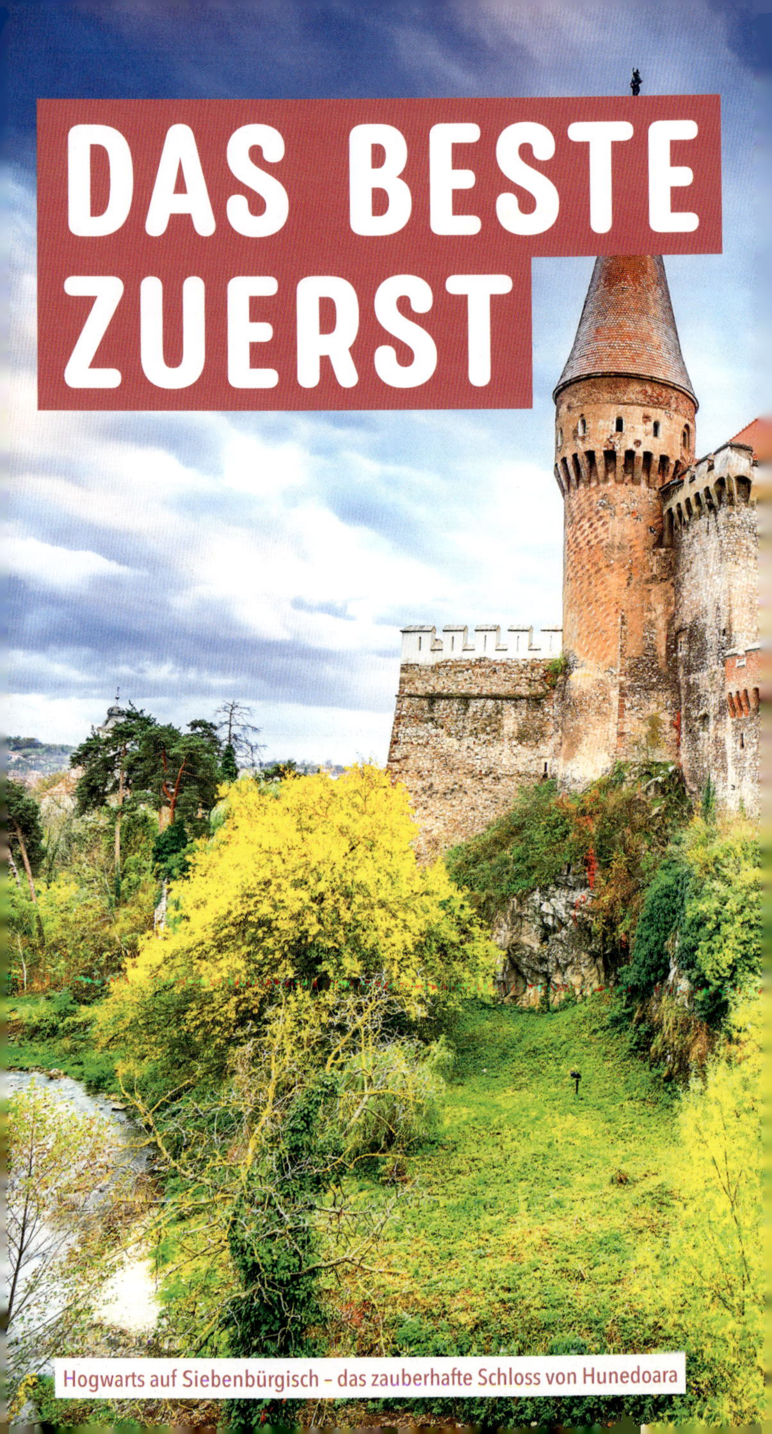

Hogwarts auf Siebenbürgisch – das zauberhafte Schloss von Hunedoara

BEST OF

BEI REGEN

SCHÖN, AUCH WENN ES REGNET

NACH UNTEN
Hinab ins alte *Salzbergwerk von Turda* bringt dich ein Panoramaaufzug bis in 112 m Tiefe. Dort wartet ein unterirdischer See auf dich.
➤ S. 62, Siebenbürgen

VIELE BUNTE, ALTE STEINCHEN
Kein Badewetter am Schwarzen Meer? Macht nichts, schau dir einfach ganz in Ruhe und von allen Seiten das *riesige Mosaik* im archäologischen Museum von Constanța an, das die Römer zurückgelassen haben.
➤ S. 116, Schwarzes Meer

GESCHICHTEN AUS DER BURG
Der Historie des Banats gehst du in der alten *Hunyadenfestung* in Timişoara auf den Grund. Dort ist das Geschichtsmuseum untergebracht, wo du auch erfährst, dass Temeswar 1884 als erste europäische Stadt nachts elektrisch beleuchtet war.
➤ S. 50, Maramureş, Apuseni & Banat

IM ZWEITGRÖSSTEN GEBÄUDE DER WELT
Wer sich hier verläuft, findet nie wieder raus! Jedenfalls nicht ohne Handy oder Wachdienst. 450 000 m² misst das Parlamentsgebäude in Bukarest (Foto). Verrückt und gigantomanisch, aber auch ganz schön spannend.
➤ S. 82, Bukarest & Walachei

OHNE KNOBLAUCH UND KREUZE
Bei gruseligem Wetter genau das Richtige: *Schloss Hunedoara*. So verwinkelt, so romantisch, so unheimlich – kein Wunder, dass Wunschdenken daraus Graf Draculas Wohnsitz machte.
➤ S. 68, Siebenbürgen

NOSTALGIE IN DER HAUPTSTADT
In der *Macca-Villacrosse-Passage* in Bukarest sieht´s aus wie in einem alten, romantischen Gemälde von Paris. Setz dich in eins der Cafés und lasst den Regen aufs hohe, bunte Dach prasseln.
➤ S. 87, Bukarest & Walachei

BEST OF LOW-BUDGET

FÜR DEN KLEINEN GELDBEUTEL

HISTORISCHE LOKS GUCKEN

Du hast schon immer gern mit Eisenbahnen gespielt? Auf geht´s nach Resița, dort treffen sich Gleichgesinnte. Das *Museum für Dampflokomotiven* am Hauptbahnhof ist gratis.

➤ S. 55, Maramureş, Apuseni & Banat

FÜR LAU ÜBER DIE BERGE

Andere europäische Pässe kosten Geld, die *Transfogarascher Hochstraße* (Foto) und die *Transalpina* sind maut-, allerdings auf keinen Fall schwindelfrei. Die Transfogarascher führt zum Bâlea-Gletschersee in 2000 m Höhe.

➤ S. 90, 91, Bukarest & Walachei

STRESSFREIER TRAUMBLICK

Die Seilbahn von Bușteni hinauf in die Berge ist teuer und überlaufen. Nimm stattdessen hinter Sinaia die herrliche, neu gestaltete *Transbucegi-Bergstraße (Straße 713)* in luftige Höhen mit Traumblick.

S. 75, Siebenbürgen

TANZTHEATER MIT MEERBLICK

In Mamaia erwarten dich im Sommer abends *Ballett- und Opernvorführungen* direkt vor dem Kasino am Meeresstrand – ebenso schön wie kostenlos.

➤ S. 115, Schwarzes Meer

WO DIE STEINE WACHSEN

Im *Trovantenreservat* nahe Costești findest du die steinernen Vorbilder der Skulpturen von Brâncuși – die eindrucksvollen Steine, die angeblich wachsen sollen, sind nur ein bisschen älter – so in etwa 15 Mio. Jahre. Der Eintritt ins Reservat ist frei.

➤ S. 90, Bukarest & Walachei

WO DER SCHLAMM SPRITZT

Für heilsame Schlammbäder muss man eigentlich in die Tasche greifen. Nahe *Berca* blubbert es kostenlos – dank Erdgas. Sicher, ganze Bäder nimmst du hier eher unfreiwillig, aber unterhaltsam und lehrreich ist der Besuch allemal.

➤ S. 127, 20, Verstehen, Erlebnistouren

BEST OF

MIT KINDERN

SPANNENDES FÜR GROSS & KLEIN

SCHNAUFENDE DAMPFLOK

Hier gibt's keine Unterschiede zwischen Groß und Klein: Alle begeistern sich für eine *historische Dampflok der Wassertalbahn,* die ihre Passagiere kurvenreich über Brücken, Tunnel und durch dichte Wälder zieht. Los geht es in Vişeu de Sus.

➤ S. 45, Maramureş, Apuseni & Banat

COOLER GEHT´S NICHT

Wird der Nachwuchs quengelig, dann ab in die *Eishöhle Scărișoara.* Ein Rieseneisblock mitten im Berg, dazu noch science-fiction-mäßige Lichteffekte – da fallen den Kids die Smartphones aus der Hand. Ein echtes Abenteuer, das mit warmen Jacken und einer steilen Treppe in die Unterwelt beginnt.

➤ S. 48, Maramureş, Apuseni & Banat

EINMAL AUSTOBEN BITTE!

In der wunderschönen Landschaft der Ostkarpaten in Harghita Băi wartet auf 1350 m Höhe der größte *Kletterpark Südosteuropas* mit 120 Parcours unterschiedliche Ansprüche. Auch für Erwachsene kein Spaziergang ...

➤ S. 73, Siebenbürgen

BÄRENSTARK & NACHHALTIG

Im *Reservat von Zărnești* (Foto) haben über 100 Braunbären eine zweite Chance bekommen. Die Bedingungen für die Kolosse sind großartig, die bergige Umgebung an sich schon eine Reise wert. Kinder lieben es besonders und lernen noch etwas über Tier- und Umweltschutz. Das Eintrittsgeld fließt in die karitative Stiftung.

➤ S. 74, Siebenbürgen

GROTTENGUT

Sich wie einst die Piraten in der *Grotte Limanu* bei Mangalia verstecken – wenn das kein spannendes Kontrastprogramm zum Strand ist! 4 km ist das Ding lang, da wird's nie langweilig.

➤ S. 125, Schwarzes Meer

BEST OF

TYPISCH

DAS ERLEBST DU NUR HIER

JEDER MARKT EIN STÜCK RUMÄNIEN

Auf den *Bauernmärkten* kommt du der Seele des traditionellen, authentischen Rumänien und seiner Menschen ganz nah. Auf dem *Huetplatz-Markt* in Sibiu gibt's jetzt sogar vieles in bio: Käse, Wurst, Brot, selbstgemachte Konfitüre und Kuchen

➤ S. 32, 66, Shoppen, Siebenbürgen

ARCHITEKTUR GANZ AUS HOLZ

Kopf in den Nacken legen und staunen: Der 54 m hohe *Glockenturm der Kirche von Surdeşti* gehört zu den höchsten Eichenholzkonstruktionen Europas. Und ist dabei typisch Maramureş!

➤ S. 44, Maramureş, Apuseni & Banat

MAL KURZ DIE UHREN ANHALTEN

Wie eine mittelalterliche Puppenstube klebt das kleine Städtchen *Sighişoara* mit seiner unglaublichen Schönheit am Berg. Das ist Siebenbürgen in Reinform plus eine Zeitreise in die Vergangenheit. Und Dracula war auch schon da!

➤ S. 69, Siebenbürgen

BURG? KIRCHE? BEIDES!

Ab dem 12. Jh. errichteten die Siebenbürger Sachsen die einzigartigen Wehrkirchen und Kirchenburgen, die diesem Landstrich ihren Namen gaben. Sieben von ihnen stehen heute auf der Weltkulturerbeliste der Unesco. Die prächtigste findest du in *Biertan* (Foto).

➤ S. 69, Siebenbürgen

NICHT UNORTHODOX SEIN

Tauch ein in die sinnlich-emotionale religiöse Welt der orthodoxen Christen: Besuch ganz diskret einen *Gottesdienst* und erleb die Rituale – am besten in einer schönen Dorfkirche und noch besser an einem wichtigen kirchlichen Feiertag wie Ostern oder Mariä Himmelfahrt.

SO TICKT RUMÄNIEN

In Sighișoara hat man sich unübersehbar Du-weißt-schon-wem verschrieben

TAURANT
BAR

ENTDECKE RUMÄNIEN

Historische Ladenpassage im Lipscani-Viertel, der kleinen Altstadt in der großen Hauptstadt

Rumänien und schlechtes Image? War da mal was? Nicht doch! Immer mehr Familienmitglieder, Freunde und Kolleginnen versichern begeistert: Da musst du unbedingt hin. Und recht haben sie.

DAS LAND, DAS ALLES HAT

Denn in Rumänien gibt es eigentlich alles, was Reisende wünschen: Wer Ruhe sucht und Abgeschiedenheit, der findet sie in den herrlich einsamen, unberührten Bergen der Westkarpaten, in den vielen stillen Klöstern mit wunderbar bemalten Fassaden wie Sucevița in der Nordmoldau und in der sanften Hügellandschaft Siebenbürgens, in der das Leben einen ruhigen Takt schlägt. Motorradfahrer oder Kletterer werden ebenso bedient wie Liebhaber von Kultur. Auf die vielen Kirchenburgen in Siebenbürgen freuen sich Kulturtouristen; 200 waren es einmal, 18 davon sind durch ein EU-Projekt vernetzt und wurden teilsaniert. An Architektur und Geschichte Interessierte kommen ebenfalls auf ihre Kosten: Von den

2000 v. Chr.–7. Jh. n. Chr. Urvölker Daker und Geten, griechische Siedlungen, römische Provinz; Goten, Hunnen, Slawen, Ungarn, Tataren durchziehen das Land

7.–10. Jh. Erste Fürstentümer in der Moldau und der Walachei

1150 Ungarns König Geza II. holt deutsche Siedler ins Land

15.–16. Jh. Türken beherrschen Moldau, Walachei und Transsilvanien

1699 Siebenbürgen kommt zu Habsburg

1940 Pakt mit Hitler-Deutschland

Ruinen griechischer und römischer Städte z. B. in der Dobrudscha bis zu den wunderschönen Jugendstilbauten von Timişoara und Oradea bietet Rumänien eine große Vielfalt. Wer baden möchte, der fährt an die Schwarzmeerküste. Aber noch viel großartiger in der Gegend ist das Naturparadies des Donaudeltas. Wenn du einmal einen Schwarm Pelikane über dir flattern gehört hast, stellt sich heraus, dass du eben doch ein Romantiker bist. Ausgetretene Touristenpfade sind für die anderen, dieses Land ist für Entdecker!

HUMORVOLL & TRAURIG

Rumänien mit rund 19,5 Mio. Einwohnern ist seit 2007 Mitglied der Europäischen Union und liegt umgeben von Bulgarien und Serbien im Süden, der Ukraine im Norden, Ungarn im Westen, Moldawien im Osten und dem Schwarzen Meer im Südosten. Das Land kuschelt sich um den Karpatenbogen herum und in sein Inneres hinein. Die mit Selbstironie gesegneten Rumänen – der Dichter George Bacovia nannte seine Heimat „ein humorvolles trauriges Land" – sind herzliche, offene Menschen. Es kann euch passieren, dass ihr in einem Dorf in Siebenbürgen spontan zu einem Glas Tzuika eingeladen werdet, wenn ihr dem Gegenüber sympathisch seid.

CITY POWER

So schön die Provinz auch ist – wer will denn nur auf dem Land herumgondeln, wenn doch die Städte auch so spannend sind? Klar, Tradition und Geschichte gibt es dort auch massenhaft. Aber eben auch junge Rumänen, die die Welt gesehen haben und jetzt zu Hause etwas aufbauen wollen, Studenten, die das Leben genießen. Es ist faszinierend, ins Gespräch zu kommen mit dem deutsch-

1944 König Mihai stürzt das Militär; Kriegseintritt Rumäniens gegen Deutschland

1947 Kommunisten regieren

1965 Ceauşescu wird Staatschef

1989 Dezemberrevolution. Ceauşescu wird zum Tod verurteilt

2007 Beitritt zur EU

2021 Geringe Impfquote, eine 4. Covid-Welle erfasst das Land

2023 Timişoara wird europäische Kulturhauptstadt

stämmigen Gastwirt, der als Kind nach Deutschland auswanderte, als ausgebildeter Mann zurückkehrte und nun eine vorbildliche Pension im alten Elternhaus führt. Cluj-Napoca ist so eine Stadt, in der die junge Atmosphäre des Aufbruchs schwerer wiegt als die schönen geschichtsträchtigen Bauten.

IM UMBRUCH, ABER STARK

Natürlich: Überall, wo großer Aufbruch herrscht, klaffen auch große Lücken. Viele sind auf Arbeitssuche ins EU-Ausland geflüchtet (und investieren ihr im Westen verdientes Geld oft wieder zu Hause in Rumänien), Altersarmut und Jugendarbeitslosigkeit sind nur einige der brennenden Probleme. Aber die Rumänen zeigten uns auch, aus welchem Holz sie geschnitzt sind, als sie zwischen 2016 und 2020 zu Hunderttausenden gegen ihre korrupte Regierung auf die Straße gingen – immer wieder mit Erfolg. Nach 1989 war Rumänien wirtschaftliches Schlusslicht in Europa. Doch seit 2000 hat ein kräftiger Aufschwung eingesetzt. Fast alle staatlichen Industrieungetüme wurden privatisiert, viele ausländische Investoren ließen sich nieder. Junge Leute streben v. a. in die Computerbranche. Rumänien gehört mittlerweile zu den sechs Ländern weltweit mit den meisten IT-Spezialisten pro Kopf. Wer den preisgekrönten Film „Toni Erdmann" gesehen hat, wird sich – bei allen Seitenhieben auf den heutigen Kapitalismus – gewundert haben, wie modern und fortschrittlich Bukarest darin zu sehen war.

RÖMER UNTER SLAWEN

Umgeben von slawischen Völkern ist Rumänien eine romanische Sprachinsel, entstanden durch die Verschmelzung des Urvolks der Daker mit den Römern, die dieses Land im Jahr 106 n. Chr. besetzten. Jahrhundertelang waren die rumänischen Fürstentümer Spielball der Mächte: Österreich-Ungarn, Russland, Türkei. Und unter dem Diktator Ceauşescu, der im blutigen Volksaufstand sein Ende nahm, konnte man auch nicht gerade von Selbstbestimmung reden. Aber bei allen Problemen – die Demokratie wird stärker: Ende 2019 wurde der politisch gemäßigte Siebenbürger Sachse Klaus Johannis, der fließend Deutsch spricht, als Staatspräsident wiedergewählt. Mal ehrlich: Wer hätte gedacht, dass Rumänien 30 Jahre nach Securitate und Ceauşescu überhaupt so weit sein würde?

DIE KRISE ÜBERWINDEN

Auf die Kontinuität des Landes wird man wohl auch bauen können, wenn es um die Überwindung der Corona-Krise und ihrer Folgen geht. Nach einem vergleichsweise milden Start des Infektionsgeschehens im Frühjahr 2020 spitzte sich die Lage zu. Auch Rumänien war zeitweise auf Listen mit Reisewarnungen vertreten. Inzwischen wird wieder gereist, achtsamer natürlich. Und egal ob beim Schlendern durch die verträumten mittelalterlichen Orte, die modernen Städte oder bei Wanderungen durch die Karpaten: Rumänien hält ständig große und kleine Überraschungen für dich bereit. Lass dich einfach nur darauf ein!

AUF EINEN BLICK

19,5 MIO.
Einwohner

Nordrhein-Westfalen: 17,9 Mio.

9,5 MIO.

Rumänen besitzen ein Smartphone
Deutschland: 64 Mio.

111 cm

misst die schmalste Straße Rumäniens in Brașov an ihrer engsten Stelle

2500 Pelikan-Paare

fliegen jedes Jahr das Donaudelta an

HÖCHSTER BERG: MOLDOVEANU

2.544 M

im Făgăraș-Gebirge

WÄRMSTER MONAT

JULI 27°C

BELIEBTESTER SKIORT: POIANA BRAȘOV

2 MIO.

GÄSTE PRO JAHR

TRANSFOGARASCHER HOCHSTRASSE

Sie ist laut Autopapst Jeremy Clarkson vom BBC-Programm „Top Gear" die beste Fahrstrecke ganz Europas

BUKAREST

Größte Stadt mit knapp 1,9 Mio. Einwohnern

BERÜHMTESTE PERSON
Francesco Illy – Erfinder der Espressomaschine

TRADITIONSREICHSTES GERICHT
MĂMĂLIGĂ (MAISBREI)

RUMÄNIEN VERSTEHEN

TITAN DER TITANEN

Nein, um Oliver Kahn, den wahren Titanen, geht es in diesem Fall nicht. Vielmehr ist die Rede von dem Mann, der Rumänien in den Nachkriegsjahrzehnten prägte wie kein anderer: der Diktator Nicolae Ceauşescu alias „Lenker" alias „Genie der Karpaten" alias „Mann, der 1989 am Galgen endete". Am Namen Ceauşescu kommst du einfach (leider) nicht vorbei, wenn du kreuz und quer durch Rumänien fährst. Als Schusterlehrling wurde er zum Kommunisten, an die Macht kam er 1965, war sogar zunächst im Volk wie im Westen beliebt für seinen Konfrontationskurs gegenüber Moskau. Doch im Land entwickelte er sein berüchtigtes Terrorregime. Der Name seiner brutalen Geheimpolizei Securitate lässt noch heute vielen Rumänen einen grausigen Schauer den Rücken hinunterlaufen.

BLUTSAUGER

Lange, lange, sehr lange bevor die Twilight-Filme Teenieherzen schmelzen ließen, machte ausgerechnet ein inzwischen fast 100 Jahre alter Stummfilm die Vampire salonfähig. Allerdings war der Dracula in „Nosferatu" von Fritz Murnau längst nicht so blutleer-romantisch wie die moderneren Schönlinge mit ihren spitzen Eckzähnen. Der Film basiert auf Bram Stokers „Dracula", in dem Schauergeschichten aus Transsilvanien erzählt werden. Wahrscheinlich war Stokers Vorbild der rumänische Fürst Vlad Ţepeş, von dessen Grausamkeit einige Geschichten erzählt wurden. Ţepeş Vater trug als Mitglied eines mittelalterlichen Drachenordens den Beinamen „Dracul".

Doch historisch belegt ist hier gar nichts. Der Fürst gilt den meisten Historikern sogar als verhältnismäßig aufgeklärt und nicht brutaler als seine Vorgänger und Nachfolger. Wahrscheinlich hat Stoker einfach ein paar Namen und Geschichten aufgeschnappt und wurde dann kreativ. Absolut real ist allerdings das heutige Geschäft mit dem Namen „Dracula". Merchandising pur – nicht nur im übrigens sehr hübschen Schloss von Bran. Blutsaugerei? Na ja, zumindest tut es niemandem weh. Außer vielleicht vielen Menschen im schönen Transsilvanien, die es satt haben, immer nur mit Vampiren in Verbindung gebracht zu werden.

BLUBBERN UND BEBEN

Es rumort ganz schön unter den so idyllischen rumänischen Landschaften. Was erst einmal spannend klingt, hat aber leider auch schon fatale Folgen gehabt. Bei einem Erdbeben in der besonders gefährdeten südlichen Region rund um die Hauptstadt Bukarest verloren 1977 über 1500 Menschen ihr Leben. Die Schlammvulkane in Berca am Fuß der Südkarpaten sind dagegen schon weitaus weniger furchteinflößend: Durch den Gasgehalt im Erdinneren entsteht ein blubberndes Spektakel. Hineinspringen

Folg in Berca am besten der Spur des Schlamms – am oberen Ende blubbert's aus der Tiefe

sollte man in das Schlamm-Massel allerdings nicht. Und auch die Richterskala musst du nicht gleich ausgedruckt im Handgepäck mitschleppen: Spürbare Erdbeben sind sehr selten und in den vergangenen Jahrzehnten wurden die Frühwarnsysteme erheblich verbessert. Die Neubauten – vom Einfamilienhaus bis zum Wolkenkratzer – gelten als erdbebensicher.

WILD

Der gemeine Mufflon ist in den rumänischen Karpaten gar nicht so übel gelaunt, wie sein Name es vermuten lässt. Ebenfalls beste Stimmung legen in den hohen Bergen Wolf, Luchs, Gämse, Wildkatze, Bär (ganze 6000 davon), Edelmarder, Wildschwein, Hirsch und Reh an den Tag. Im unter Naturschutz stehenden Donaudelta staunst du bei einer Bootstour über die einzigen Pelikane Europas über deinem Kopf, und im Schwarzen Meer zeigen sogar kleine Delfine ihre Sprünge. Freilich ist auch in Rumänien nicht alles Gold, was grunzt: Jäger und Wilderer dezimieren teils seltene Tierarten; Müll, Luftverschmutzung und Abholzungen setzen der Natur vielerorts zu. Auch dank dem EU-Beitritt 2007 gibt es inzwischen aber schon eine Reihe spürbarer ökologischer Fortschritte.

TIERISCH ABSURD

Du kennst keinen rumänischen Schriftsteller? Vielleicht ja doch! Schon mal von Eugène Ionesco gehört? Nein? Macht nichts, kein Drama. Beziehungsweise doch ein Drama, weil der gute Mann zu seinen Lebzeiten von 1909 bis 1994 viele verrückte, absurde, skurrile und groteske Theaterstücke geschrieben hat. Schau doch einmal rein in „Die Nashörner", seinen größten Erfolg. Es liest sich flott und es macht Spaß zu sehen, wie Ionesco die kleinbürgerliche Welt auf die Schippe nimmt. Zwar verbrachte Ionesco einen Großteil seines Lebens in Frankreich und schrieb die meisten Werke auf Französisch, dennoch war er auch stark rumänisch geprägt. Sein rumänischer Name: Eugen Ionescu.

MELTING POT – NICHT GERÜHRT

Manche Minderheiten in Rumänien sind so groß, dass es eigentlich schon gar keine Minderheiten mehr sind – jedenfalls nicht in ihrer Region. Meist nahe der ungarischen Grenze, aber teilweise auch ins Land hinein, leben schätzungsweise 1,5 bis 2 Mio. Ungarn. Das heißt, eigentlich sind es Rumänen, denn sie haben einen rumänischen Pass, wählen in Rumänien, fahren mit rumänischen Autokennzeichen. Aber sie sprechen Ungarisch, kochen ungarisch, fühlen sich ungarisch. Kurios: Du wirst in diesen ungarischen Dörfern kaum Leute finden, die überhaupt gut Rumänisch sprechen. Ganz schwierig wird es aber erst beim Verhältnis zwischen Rumänen und den vielleicht 600000 Roma – umgangssprachlich aber auch immer ein wenig abfällig „Zigeuner" genannt. Wobei sich viele Roma auch selbst so bezeichnen, mal mit Stolz, mal mit Melancholie und Weltschmerz. Die gegenseitige Abneigung

Rund 600 000 Rumänen sind Roma, aber ihre Integration steht noch am Anfang

sitzt oft tief, Parallelgesellschaften sind die Folge. Nur zu Hochzeiten wird eine „Zigeunerkapelle" freilich immer gern eingeladen. Doch teilweise gelingt auch schon so etwas wie Integration – manchmal siehst du Kinder gemeinsam auf der Straße spielen oder erfolgreiche Roma-Manager im Big Business von Bukarest arbeiten.

Und dann sind da natürlich noch die Deutschen, also die Siebenbürger Sachsen und Banater Schwaben. Von 800 000 Menschen im Jahr 1930 sind aber gerade einmal knapp 40 000 übrig geblieben; viele nutzten die Chance, als Aussiedler nach Deutschland zu kommen. Doch die Kultur lebt noch, besonders in Siebenbürgen und ganz besonders rund um Hermannstadt (Sibiu). Und der Siebenbürger Sachse Klaus Johannis wurde 2019 als rumänischer Präsident wiedergewählt.

REVOLUZZER

Ob es tatsächlich eine Revolution war, die im Dezember 1989 zum Sturz des Diktators Ceauşescu führte, ist umstritten. Zwar gab es einen blutigen Volksaufstand mit Schießereien und Straßenkämpfen, die mehr als 1000 Menschen das Leben kosteten. Doch deutet vieles auf eine Palastrevolte der so genannten Wendekommunisten hin, die von Ceauşescu genug hatten. Ohne Zweifel gärte die Stimmung im Volk schon Monate vor Ceauşescus Sturz. Im übrigen Ostblock begannen Mauern und Stacheldrähte zu fallen. Startsignal für die Wende war am 17.12.1989 eine Dauerdemonstration im westrumänischen Timişoara (Te-

KLISCHEE KISTE

AUTOFAHREN IST SELBSTMORD

Einige erschrecken, wenn sie in Rumänien hinterm Steuer sitzen. Spätestens wenn ein gestresster Einheimischer auf der Landstraße überholt, obwohl gleichzeitig gerade ein Auto entgegenkommt. Man dürfe sich auf gar keinen Fall an die Höchstgeschwindigkeiten halten, warnen sie. Lebensgefährlich! Nun ja: Viele Straßen sind inzwischen super, aber es gibt sie noch, die fiesen Stellen. Harakiri-Überholmanöver? Kommen schon mal vor. Ignoranz bei Tempolimits? Klingt nach Rumänien. Trotzdem keine Panik: Fahrt einfach euer Tempo, lasst euch nicht hetzen und haltet am Zebra, wenn ein Fußgänger rüber will.

DIE SIND DA NOCH SO ARM

Um es ganz deutlich zu sagen: Armut ist in Rumänien immer noch reichlich vorhanden. Wer in Constanţa vom superschicken Yachthafen hinauf in die Altstadt kommt und mitten am Hauptplatz von einer Bauruine begrüßt wird, erlebt den Clash von Alt und Neu hautnah mit. Aber das Land hat auch unglaubliche Fortschritte gemacht, viele Innenstädte sind echte Schmuckstücke, viele Unterkünfte moderner ausgestattet als bei uns. Und auch im ländlichen Raum schlägt euch eher Bescheidenheit entgegen als verzweifelte Armut.

Der Ökotourismus etwa im Donaudelta steht noch am Anfang, aber das Bewusstsein wächst

meswar). Erste Schüsse fielen. Die revolutionäre Stimmung erfasste das ganze Land, v.a. die Hauptstadt. Dort hielt der sichtlich verzweifelte Ceauşescu am 22. Dezember noch eine Rede an das Volk, in der er Lohnerhöhungen versprach. Doch er wurde ausgebuht und floh mit seiner Frau Elena in einem Hubschrauber. Der Pilot war schon mit den Revolutionären im Bunde. Das Ehepaar Ceauşescu wurde verhaftet und am 25. Dezember 1989 auf Geheiß der Iliescu-Gruppe nach einem geheimen, international kritisierten Schnellverfahren hingerichtet.Die Ereignisse klingen bis heute nach – gerade in ländlichen Gegenden gibt es immer noch viele, die den vermeintlich guten alten Zeiten nachtrauern, als alles einfacher und geregelter war.

CHUCK NORRIS

Eine Geschichte, wie sie nur in absurden und schwierigen Zeiten der Geschichte passieren kann: In den dunklen 1980er-Jahren waren weltweit beliebte Hollywoodfilme für Rumänen tabu – weil den kommunistischen Machthabern in Bukarest ein viel zu heißes Eisen. Die ahnungslose Bevölkerung des Arbeiter- und Bauernstaats könnte womöglich zu viel Freiheit erschnuppern oder auf andere dumme Gedanken kommen. Bloß nicht! Unglaublich, aber wahr: Selbst reine Actionfilme mit Chuck Norris waren Ceauşescu und seinen Gefolgsleuten ein Dorn im Auge. Doch die Menschen sind selten so blöd, wie Diktatoren sich das so vorstellen. Und so wurden VHS-Kassetten nach Rumänien geschmuggelt und in einem primitiv als Tonstudio eingerichteten Keller rumänisch synchronisiert. Doch anstatt für jede Rolle einen Schauspieler zu engagieren, konnten die illegalen „Filmemacher" gerade mal eine Frau für sich gewinnen. Die war dafür aber richtig gut: Irina Nistor. Sie arbeitete damals ausgerechnet beim staatlichen Fernsehen und ließ sich ganz konspirativ zur Zusammenarbeit überreden. Es endete damit, dass sie ALLE Rollen synchronisierte – inklusive der männlichen. Und eben auch inklusive Chuck Norris. Und Nistor hat sich nicht geschont. Heute schätzt sie, dass auf diese Weise 3000 Filme zusammenkamen. Und fast jeder Rumäne ab 35 erkennt diese Stimme – eben als die von Chuck Norris oder Sylvester Stallone.

Im Jahr 2015 wurde der heimlichen Heldin Nistor (geboren 1957, von Beruf Übersetzerin und Filmkritikerin) mit dem herrlichen Dokumentarfilm *Chuck Norris und der Kommunismus* ein angemessenes Denkmal gesetzt. Unbedingt anschauen, es macht Spaß!

INSIDER-TIPP
Lustig, diese Doku!

ÖKO & CO.

Rumänien mit seinen vielen landschaftlichen Paradiesen ist wie geschaffen für den ökologisch bewussten Reisenden, für den Naturfreund schlechthin. Allerdings stecken organisierter Ökotourismus wie auch der Umweltschutz grundsätzlich noch in den Kinderschuhen. Zwar verfügt das Land über 13 wunderschöne Nationalparks, über unzählige weitere unter Naturschutz stehende Landschaften, 250 000 ha Urwald sowie das Biosphärenreservat Donaudelta. Doch dem stand lange das mangelnde Umweltbewusstsein der Bevölkerung gegenüber, das man in Form wilder Müllkippen, überall zurückgelassenen Abfalls und übel qualmender Schornsteinen im Winter nicht übersehen konnte.

Aber seit dem EU-Beitritt hat sich viel getan. Während auf dem Land noch vielerorts die Kanalisation nicht angekommen ist und jeder seine Güllegrube oder inzwischen auch biologische Abwasserreinigung mit Bakterien auf dem eigenen Grundstück hat, ist das Trinkwasser fast in ganz Rumänien jetzt tatsächlich trinkbar! Die Menschen trauen sich wieder, in Flüssen und Seen zu baden. Und ja, sogar die Mülltrennung ist rund um die Karpaten angekommen – und funktioniert sogar ganz gut.

Auch Touristen gehen nicht immer mit gutem Beispiel voran: Im Donaudelta lassen sie sich schon mal mit dem Schnellboot durch die Nebenkanäle fahren, wobei die Wellen dann die Nester dort brütender Vögel überschwemmen. Oder sie nehmen das Angebot an Off-Road-Motorradfahrten an und verschrecken Tiere und Menschen in abgelegenen Dörfern. Inzwischen gibt es aber durchaus Angebote aus dem Bereich des sanften Tourismus.

ESSEN SHOPPEN SPORT

Flanieren und Pausieren in Braşovs einladender Altstadt

BRAŞOV
EGELE ORAŞELOR ÎN ROMÂNIA.
BRAŞOV
BRAŞOV.
Carlsberg
Carlsberg
Carlsberg

ESSEN & TRINKEN

Er glänzt goldgelb, Fett trieft. Iuliana Paşca, Wirtin in den Apuseni, serviert ihre Spezialität: den balmoş (sprich: ballmosch), Maisbrei, wie die Bauern in Siebenbürgen ihn zubereiten: Ein Kilo Maismehl wird mit viel saurer Sahne unter stundenlangem Rühren gekocht.

DAS ALLROUNDTALENT

Maisbrei ist das rumänische Nationalgericht, bekannt unter dem Sammelnamen *mămăligă* (mömöligö). Meist bekommt man die banale Variante als Sättigungsbeilage vorgesetzt, bei der das Maismehl nur mit Wasser und Salz gekocht wird. Tatsächlich aber gibt es ein Dutzend Rezepte, je nachdem, ob er mit süßer oder saurer Milch, mit Sahne oder Butter zubereitet wird. Krönung ist die Hirtenspeise *bulz:* Ein Stück herbwürziger *burduf*-Käse wird in eine Kugel aus Maisbrei gesteckt und im Ofen gebacken.

DEFTIG IST NOCH UNTERTRIEBEN

Iuliana, die im Dorf Gheţar nahe der Eishöhle Scărişoara kocht, tischt herzhafte rumänische Bauernküche auf. Speck, Eier und scharfe Würste gibt es schon zum Frühstück, dazu sauer eingelegte Gurken und Paprika. Zu Mittag folgen deftige Fleischsuppen – mit Rind, Fleischklößen oder Kutteln. In Süd- und Nordostrumänien werden diese Suppen meist mit *borş* (borsch), gegorenem Weizenkleiesaft, gesäuert. Enthält eine Suppe *borş*, wird sie *ciorbă* (tschorbö) genannt, sonst heißt sie *supă* (supö). Die rumänische Küche schmeckt nach den Mächten, die das Land dominierten: Byzanz, Österreich und Russland. Wichtig sind die guten alten Krauter: Liebstöckel, Bohnenkraut, Kümmel, Lorbeer und Basilikum.

BLOSS NICHT LIGHT

Beim Hauptgang dominieren die Braten. Ein Festmahl ohne Schwein ist

Hauptbeilage ist die goldgelbe *mămăligă* (li.); lecker-deftig schmecken Krautwickel (re.)

kaum vorstellbar. „Er ist so traurig, als sei sein Schwein gestorben", sagt man in Rumänien. Auf dem Land halten sich viele zumindest ein Schwein, auch wenn sie längst keine Bauern mehr sind. Zwar steht in Rumänien auch Geflügel auf dem Speiseplan, doch nach Diät darf Federvieh keinesfalls schmecken. So gibt es etwa das *pui cu smântână (puj ku smüntünö)* – das Sahnehuhn. Dessen Bauch wird mit einem halben Pfund Butter und Kräutern gefüllt, während des Backens kommt immer wieder Sahne darüber. Die Ente auf Kraut wiederum, *rață pe varză* (ratzö pe varsö), wird mit einem Pfund Gänsefett begossen. Zu fast allen Fleischgerichten passt die traditionelle Knoblauchsauce *mujdei de usturoi (musch-dej de ußturoj)*.
Übrigens schmeckt Pizza in Rumänien oft sehr lecker – die kulturelle Nähe zu Italien kommt dabei ganz klar zum Tragen. In den Städten bekommst du auch oft ein Pizzastück auf die Hand – perfekt für den kleinen Hunger.
An der Küste des Schwarzen Meers und im Donaudelta gibt es natürlich Fisch, z. B. als leckere säuerliche Suppe *borş pescăresc*. Spezialitäten sind auch scharfe Frikadellen aus Hecht und Karpfen mit gemahlenen Peperoni und Paprika oder aber das Fischgulasch *storceag (stortschag)* mit Karfoffelstücken, Sahne und viel Dill. Bei dem im Ofen gebackenen Karpfen kommen eine ganze Knolle Knoblauch sowie Tomaten, Paprika und Weißwein dazu.

INSIDER-TIPP
Gulasch mit Flossen

JA, SIND WIR DENN IN UNGARN?

Wundre dich nicht, wenn du plötzlich Gulasch, Paprikasch, Lángos und süße *Kürtőskalács* angeboten bekommst. Du hast nicht versehentlich die Grenze überquert, sondern bist einfach in einer der ungarisch dominierten Regionen

Rumäniens gelandet. Wer Galle und Leber schonen will, hat es schwer. Allerdings werden Besseresser v. a. in größeren Städten immer öfter von kleinen, vegetarischen und veganen Lokalen gerettet. Immerhin gibt es leckere Gemüsegerichte, so die pikante Auberginencreme *zacuscă* (sakusskö) als Vorspeise oder den Gemüseeintopf *ghiveci* (djiwetsch). Und die Salate sind auch fast immer frisch und knackig.

OH WIE SÜSS!

Bei den Desserts dominieren türkischer und österreich-ungarischer Einfluss: *baclava* und *sarailie* sind Blätterteignusskuchen mit Zuckersirup. Auf siebenbürgischen Speisekarten taucht die k.u.k.-Süßigkeit Vogelmilch *(lapte de pasăre)* auf: In einer Vanillesauce mit Nüssen schwimmen Eiweißbällchen. Typischen Süßspeisen Siebenbürgens sind Zwetschgenknödel. Als Festtagsspeise in Sibiu und Michelsberg gilt die mal mehr, mal weniger süße *Hanklich*, auch „siebenbürgische Pizza" genannt, weil sie flach und aus Brotteig ist, über den eine Mischung aus Eiern, Zucker, Butter und Milch sowie Rahm gestrichen wird.

Mal mit Rosinen, mal ohne: Das Kuchenbrot Cozonac gibt es in verschiedenen Varianten

WENN ES GEISTREICH WIRD

Die Weine Rumäniens haben qualitativ noch Luft nach oben, aber es gibt schon gute Tropfen. In den Hügeln Siebenbürgens, der Moldau und der südlichen Vorkarpaten werden Cabernet Sauvignon, Merlot und Riesling angebaut. Bekannteste Anbaugebiete sind Cotnari (Moldau), wo die süße Feteasca (Mädchentraube) wächst, außerdem Târnave und Jidvei in Siebenbürgen. Typischer sind die doppelt bis dreifach gebrannten Schnäpse aus Pflaumen, Äpfeln oder Aprikosen, *ţuica* (Tzuika) genannt. Bier wird inzwischen fast nur noch von ausländischen Multis produziert, darunter auch die bekannten rumänischen Marken *Ursus* und *Bergenbier*. Der gute alte, schaumige türkische Kaffee *cafea turcească* (kaffja turtschaskö) ist fast überall westlichem Espresso, Cappuccino und Filterkaffee gewichen.

WANN SATT WERDEN

Gefrühstückt wird Brot mit Auflage und frischem Gemüse, dazu ein starker Kaffee und ein Saft. Mittags gibt´s überall warme Speisen, aber selbstverständlich sind die Rumänen ein eher südlich geprägtes Volk und deswegen wird am liebsten gemütlich abends getafelt. Da kann es auch schon mal spät werden, warum nicht 21 oder 22 Uhr?

Unsere Empfehlung heute

Vorspeisen

MITITEI ODER MICI (AUSGESPROCHEN: MIETSCH)
gegrillte Hackfleischröllchen mit Knoblauch

ARDEI COPŢI
gebackene Paprikaschoten in Vinaigrette

CAŞCAVAL PANÉ
panierter Käse, gebraten

CIORBĂ DE BURTĂ
säuerliche Kuttelsuppe

FASOLE BĂTUTĂ
pikante Paste aus weißen Bohnen

SALATĂ DE VINETE
würziger Brei aus gebackenen Auberginen

Hauptgerichte

GHIVECI
Gemüseeintopf auf der Basis von Auberginen

MUSACA
überbackener Auberginen- oder Kartoffelauflauf mit Hackfleisch

SARMALE
Krautwickel mit Reis-Hackfleisch-Füllung in Sauce, mit saurer Sahne

TOCHITURĂ MOLDOVENEASCĂ
gebratene Schweinefleischstücke in scharfer Pfeffersauce, dazu mămăligă

EMAMBALDI
Gemüsetopf aus Auberginen, Paprika, Zwiebeln und Tomaten, mit Brot serviert

Desserts

PAPANAŞI
warme Quark-Mehl-Krapfen

CLĂTITE
Pfannkuchen mit Marmelade oder Schokoladensauce

COZONAC
leicht gesüßter weicher Hefekuchen mit Rosinen

SARAILIE & BACLAVA
Blätterteigkuchen mit Nussfüllung, durchtränkt mit Sirup

KÜRTÖSKALÁCS
Baumkuchen, gibt´s überall in den ungarischsprachigen Regionen

SHOPPEN & STÖBERN

MARKTLEBEN

Natürlich willst du auch das ein oder andere kaufen, aber allein schon der Bummel über die traditionellen Bauernmärkte ist ein Erlebnis für sich: Obst und Gemüse, Fisch, Fleisch und Milchprodukte sind meist frisch, regional, saisonal und von guter Qualität. Kein Wunder, dass sich selbst in Metropolen wie Bukarest einige große Markthallen immer noch halten. Autoreisenden werden überall am Straßenrand Händler auffallen, die je nach Saison anbieten, was der Garten hergibt. Im Spätsommer türmen sich dort Berge süßer Wassermelonen und Tomaten, im Herbst haben die Bauern massenhaft Trauben und Äpfel in petto.

Ein ganz besonders tolles Mitbringsel aus Rumänien ist Honig. Kleine und größere Bienenstöcke gehören zu Rumänien wie die Karpaten und die Donau.

KÄSE

Ein bisschen wird´s im Auto müffeln, aber es lohnt sich: Zum Verschenken oder zum Selberessen daheim ist der köstliche *burduf*-Käse perfekt, ein original rumänisches Produkt aus Schafsmilch. Er wird in Darmhäuten angeboten oder in Rollen aus Tannenrinde und bleibt, außer bei hochsommerlichen Temperaturen, zwei Tage ohne Kühlung frisch, also entweder auf dem Nachhauseweg kaufen oder Kühltasche dabeihaben. Doch *burduf* allein macht auf Dauer auch nicht die ganze Familie satt. Deswegen gibt es noch weitere tolle Käsesorten, darunter der in Salzlake gereifte *telemea* aus Schafsmilch oder der geräucherte Schnittkäse *cașcaval* aus Kuhmilch – beides siebenbürgische Spezialitäten.

KUNSTHANDWERK

Richtig beliebt waren schon immer Holzschnitzereien, Decken aus Schaf-

Handgemachtes geht immer: bunt bestickte Blusen (li.) und würziger Käse (re.)

wolle und natürlich die reich bestickten Trachtenblusen und -hemden. Typisch rumänisch, gerade wieder richtig en vogue, aber im Ausland weniger bekannt: die *ie* (sprich: ije), ein Hemd aus hauchdünnem, durchsichtigem Leinen mit bauschigen Ärmeln, das in verschiedenen Farbkombinationen bestickt ist. Solche Blusen, die sich bei großer Hitze sehr angenehm tragen, ergatterst du unter anderem in den *Artizanat*-Läden. Dieses Mitbringsel verstaubt garantiert nicht im Regal oder im Schrank, denn heiß ist es schließlich auch zu Hause.

INSIDER-TIPP
Diese Bluse wird eine leichte sein

MODE MADE IN RUMÄNIEN

Steckt eure Köpfe unbedingt mal rein in die ein oder andere Fashion-Boutique, besonders in den größeren Städten. Die Designs sind prinzipiell weder schlechter noch besser als in anderen Ländern, aber es ist viel Hübsches dabei und die Preise sind selbst für Couture-Qualität oft noch sehr erschwinglich. Wenn ihr ein paar Tage an einem Ort verbringt, könnt ihr auch Maß nehmen und etwas Einzigartiges nur für euch schneidern lassen.

ES BRAUT SICH WAS ZUSAMMEN

Die großen großen Biermarken in Rumänien gehören internationalen Multikonzernen, das kühle Blonde wird pasteurisiert und verhunzt. Die gute Nachricht: Es entstehen Mikrobrauereien, die sich ständig frische Biersorten ausdenken. Erste war die *Clinica de Bere (clinicadebere.ro)* in Timişoara mit ihrer Marke Terapia. Ein Brauer entwickelte ein Pils in Kooperation mit einer Universität. Die von Roma geführte *Wicked Barrel Brewery (Facebook: WickedBarrelBrewing)* gewann Preise und hat schon acht Standorte im Land. Kauft und trinkt einfach *craft beer* und *artisan beer.*

SPORT

Von leichten Wanderungen durch sanfte Hügellandschaften bis zu anspruchsvollen Kletter- und Raftingtouren in den Karpaten, Mountainbiking, Tauchen, Expeditionen in die Höhlen und zu den Futterplätzen der Braunbären, Ski und Reiten – alles ist in Rumänien möglich.

HÖHLENWANDERUNGEN

12 000 Höhlen durchlöchern die rumänischen Karpaten wie einen Emmentaler. Noch sind längst nicht alle öffentlich zugänglich. Manche sollten nur sehr geübte Bergsteiger mit Spezialausrüstung erkunden. Andere sind Ausflugsziele für die ganze Familie.

Zu den schönsten Höhlen gehören *Comarnic* im Banater Bergland bei Resița, die *Peştera Muierilor* (Frauenhöhle) nahe Târgu Jiu in der westlichen Walachei sowie die arg überfüllte Höhle *Dâmbovicioara* bei Bran in Siebenbürgen. Organisierte Touren bieten immer mehr Unternehmen an. Infos auf *karpatenwilli.com, apuseni experience.ro* sowie auf *gorj-aventura.ro*. Höhlenführungen finden z.T. nur zwischen Mai und Sept. statt.

MOUNTAINBIKING

In der traumhaften Berg-und-Hügel-Landschaft erlebt Mountainbiking einen rasanten Aufschwung. Ein bisschen muss man manchmal noch suchen, um gute Anbieter zu finden, die Räder vermieten und Touren organisieren wie z. B. die Agentur *Kultours (Casa Luxemburg | Piața Mică 16 | Tel. 0269 21 68 54)* in Sibiu. Dort gibt es auch Auskünfte zu Gruppenradtouren und entsprechende Landkarten. Eine gute Adresse für Touren in Siebenbürgen ist *mtbtours.ro*.

REITEN

Wenn man euch Pferdenarren nennen darf, dann seid ihr in Rumänien

Wandern im Făgăraş-Gebirge in den Südkarpaten

am richtigen Ort: Das Land entwickelt sich zu einem regelrechten Paradies für Fans des Reitsports. Herrliche Landschaften kann man in Poiana Braşov, das im Winter als Skigebiet berühmt ist, vom Pferderücken aus entdecken. Das *Centrul de Echitație (centrudeechitatie.ro)* bietet stundenweise Reittouren. Ausflüge und Reitkurse organisiert auch das *Hotel Dracula (dracul.ro)* im Dorf *Daneş* bei Schässburg.

Gut aufgehoben seid ihr außerdem bei Christoph und Barbara Promberger in Şinca Nouă bei Braşov. Die beiden betreiben den Reiterhof *Equus Silvania (equus-silvania.com)* mit Pension in malerischer, ruhiger Umgebung am Fuß der Karpaten. Und wenn eure Familie sich aufteilt in Reiter und solche, die lieber nicht aufsatteln wollen, ist das auch kein Problem: Der Ort ist perfekt für einen Familienurlaub mit oder ohne Pferde.

WANDERN & BERGSTEIGEN

Wanderstöcke raus, Proviant besorgt und Rucksack aufgesetzt: Im rumänischen Karpatenbogen findest du eine unfassbare Vielfalt an Möglichkeiten, auch und gerade für Tagestouren. Wer ganz hart ist und mehrere Tage durch die Berge wandern möchte, kann Touren von einer Berghütte *(cabana)* zur anderen machen. Der Service in den *cabanas* ist schwankend, aber ein Dach überm Kopf und meist auch etwas zu essen bekommt ihr dort. Wer keine Gemeinschaftsräume mag, kann ja vorher recherchieren und buchen.

Wildes Zelten ist fast überall möglich. Wer kein Zelt, aber Schlafsack und Verpflegung dabeihat, findet gratis Unterkunft in einer der vielen Holzhütten ohne jede Ausstattung *(adăposturi)*. In den Wandergebieten hat sich ein Netz von Bergführern etabliert. Angebote für begleitete Wanderungen, abgestimmt auf die Kondition der Teilnehmer, finden sich z. B. unter *mountain guide.ro*.

Klassische Wandergebiete sind in den Südkarpaten das Postăvarul-Massiv, erreichbar ab Poiana Braşov, die Piatra Craiului (Königstein) in der Nähe von Schloss Bran, das Bucegi-Gebirge bei Buşteni, das Făgăraş-Gebirge nahe Sibiu und das wilde Retezat-Gebirge im Südwesten.

Im westlichen Bergland *(Munții Apuseni)* zieht es die meisten Wanderer zum Padiş-Plateau südwestlich von Cluj-Napoca, dem Ausgangspunkt zum Aufstieg auf die Gipfel Măgura Vânătă und Cârligatele (beide um 1600 m).

In den Ostkarpaten dominiert das Ceahlău-Massiv, der „Olymp der Moldau". Beliebt sind von den Orten Durău, Ceahlău, Bicaz und Bicazul Ardelean aus die markierten Wege zur *cabana* am 1790 m hohen Gipfel Dochia. Weitere Wandergebiete erstrecken sich im Rarău-Gebirge in der Gegend von Câmpulung Moldovenesc. An der per Auto erreichbaren *cabana Rarău* beginnt der ca. halbstündige Aufstieg zu den berühmten Felsen Pietrele Doamnei.

Wenn du jetzt zwar fasziniert bist von all den Routen, aber doch schon vom Lesen etwas fußmüde, dann bleiben dir immer noch die herrlichen Bergstraßen, die auch per Auto zu bezwungen sind: Klassiker sind die beiden Karpatenüberquerungen *Transfogarascher Hochstraße* und *Transalpina,* die beide auf 2000 m und höher führen, um dann in tollen Serpentinen wieder in die Ebenen abzufallen. Auch die neue Hochstraße Transbucegi bei Sinaia ist einfach nur herrlich.

WASSERSPORT

Zum Surfen und Segeln ist das Schwarze Meer weniger geeignet, weil es dort v. a. im Sommer eher windstill ist. Auch Aktivitäten wie Wasserski sind vergleichsweise unterentwickelt. Derartiges bietet z. B. der Ferienkomplex *La Scoica Land (Tel. 0728 72 64 22 | lascoicaland.ro)* in Mamaia am Süßwassersee.

Wer bereit ist, etwas Muskelkraft zu investieren, wird gleich um die Ecke vom Schwarzen Meer im Donaudelta auf seine Kosten kommen: Noch schöner als auf irgendeiner Tour im Motorboot entdeckst du dieses Paradies nämlich im Kanu oder Kajak mit dem Paddel in der Hand *(discoverdanube delta.com/kayak-tours, ecoturismdelta.ro, tioc-reisen.ro)*.

Tauchen lernen kannst du bei *Scuba Diver (Tel. 021 6 10 46 02 | scubadiver.ro)*. Unter Wasser locken weniger die exotische Meeresfauna als vielmehr alte Schiffswracks. Im Kommen sind Raftingtouren in den Karpaten, z. B. auf dem Fluss Jiu im Südwesten. Großes Können erfordert Rafting auf der Bistrița in der westlichen Bukowina bei Vatra Dornei *(Hotel Vila Sport | Tel. 0230 37 15 67; Tourismusamt | Tel. 0230 37 27 67)*.

INSIDER-TIPP
Es schäumt so schön

Und der Fluss Cerna gilt als schönster Ort für ein rauschendes Whitewater-Erlebnis. Ein Anbieter für Rafting, Canyoning und eine Menge anderer Wasserspäße auf einigen der oben genannten Gewässer mit schöner, mehrsprachiger Website ist *Outdoor Experience (outdoor experience.ro)*. Und keine Sorge: Er hat auch einfache Touren im Programm.

Auch Rumänien hat die Mode für Stand-Up-Paddeln (SUP) erfasst, ideal dafür ist die Schwarzmeerküste. Infos gibt´s bei Facebook unter SUP Romania.

WINTERSPORT

In Rumänien herrschen von Dezember bis März meist ausgezeichnete Wintersportverhältnisse – wobei die Klimaveränderungen auch hier spürbar sind. Am besten ausgestattet sind die traditionellen Urlaubsregionen der Südkarpaten: Poiana Braşov mit Millionen von Skitouristen, Sinaia und Predeal. Skilangläufer sind gut in Fundata aufgehoben. Skikurse buchst du z. B. bei der *Ana Ski- und Snowboardschule (Tel. 0268 40 73 30 | Facebook: Ana Ski & Snowboard School)* in Poiana Braşov, weitere Infos unter *poianabrasov.ro*.

Am Gletschersee Bâlea Lac südlich Sibius wird jeden Winter in über 2000 m Höhe ein Hotel aus Eisblöcken *(10 Zi., 3 Iglus für je 2 Pers. | hotel ofice.ro | €€)* gebaut, die zuvor aus dem See geschnitten wurden – inkl. Eisbar, Eisrestaurant und Eiskirche! Bei minus 2 Grad Celsius schützen dich Matratzen, Decken und Felle vor der Kälte. Rund ums Hotel finden fortgeschrittene (!) Skifahrer anspruchsvolle Pisten. Der zugefrorene See ist wie gemacht zum Eislaufen, Curling und Eishockey. Das Eishotel erreichst du per *Seilbahn (ab 1. Nov. tgl. 9–17 Uhr etwa alle 15 Min.)* vom Bâlea-Wasserfall aus.

Nicht super exotisch, aber allemal süß anzuschauen: Seepferdchen im Schwarzen Meer

DIE REGIONEN IM ÜBERBLICK

MOLDAU & BUKOWINA S. 92
Bunte Klöster bestaunen & einen Hauch von Moldawien spüren
Iaşi
MOLDOVA
Braşov
Galaţi
Brăila
Dunărea
SCHWARZES MEER & DONAUDELTA S. 104
BUCUREŞTI
Constanţa
BĂLGARIJA
MAREA NEAGRĂ
Strände & ein Naturreservat wie kein anderes in Europa
50 km
31.07 mi

MARAMUREȘ, APUSENI & BANAT

FREIHEIT & ABENTEUER

Urwüchsig und wild ist Rumäniens Westen, es locken nahezu unberührte Pfade, raue Berge, sanfte grüne Hügel und unverfälschte Bauernkultur. Nur wenige Städte unterbrechen dieses Idyll – dafür dann aber richtig schöne!

Das Banat beginnt gleich an der ungarischen Grenze bei Temeswar (Timişoara). Rings herum ducken sich verstaubte Heidedörfer in die flache Landschaft mit Mais- und Weizenfeldern. Es ist die Verlängerung der ungarischen Puszta, an die sich im Süden das sanfte Bana-

Dorfidylle mit Holzkirche und Hochnebel in der Maramureş

ter Bergland bis hinunter zur Donau schmiegt. An der Ostgrenze des Banats zur Walachei liegt das Retezat-Gebirge mit Urwäldern und Gletscherseen – eins der einsamsten und grandiosesten Wanderparadiese Europas. Das liebliche Apuseni-Gebirge beginnt etwa 150 km nordöstlich von Temeswar, im Nordosten begrenzt vom siebenbürgischen Cluj, im Süden von der Stadt Deva und im Nordwesten von Oradea, Rumäniens schönster Jugendstilstadt.

MARAMUREȘ, APUSENI & BANAT

MARCO POLO HIGHLIGHTS

★ FRÖHLICHER FRIEDHOF
In Săpânța in der Maramureş ist ausgerechnet der Tod Anlass für besinnlichen Humor und bunte Leichtigkeit. ➤ S. 45

★ EICHENKIRCHE VON SURDEŞTI
Bei den Meisterschreinern in der Maramureş wird sehr hoch gestapelt. Besonders den Kirchturm von Surdeşti haben sie in die europäische Spitzenklasse gehoben. ➤ S. 44

★ KIRCHE MIT MOND
Ja, haben wir denn etwa schon wieder Vollmond? Ein Blick auf die Turmuhr von Oradea verrät's dir. ➤ S. 46

★ SCHWARZER ADLER
Wiener Sezession pur in der Einkaufspassage von Oradea ➤ S. 46

★ EISHÖHLE SCĂRIŞOARA
Nur für gut gefütterte Wanderer zu empfehlen: frieren im Bauch der Berge ➤ S. 48

★ DOMPLATZ
Ziemlich k.u.k: Wiener Barock mitten in Temeswar ➤ S. 49

★ NATURPARK RETEZAT
Wanderparadies, in dem mehr Bären als Menschen leben ➤ S. 54

Nördlich der Apuseni, um Baia Mare herum, erstreckt sich die Maramureş mit alten Holzkirchen und prächtig geschnitzten Toren an den Bauernhöfen. Sie bietet mit insgesamt 30 Naturschutzgebieten alles, was dein Abenteurerherz begehrt: Bergwandern, Extremsportarten, Mountainbiken.

MARAMUREŞ

(📖 F-G 1-2) **Hier sind die Dörfer und Landschaften die Stars. Denn nirgendwo sind sie schöner als in dieser Region.**

Während die Industriestadt Baia Mare mit ihrem kleinen Flughafen sich gerade erst ganz langsam mit neuen Hotels und Co. zum Ausgangspunkt für Touristen mausert, wirst du dich umso mehr begeistern für abenteuerliche Dampfloks, Holzkirchen, Wanderungen, ein bewegendes Museum und einen bunten Friedhof.

Idealer Ausgangspunkt für viele Wanderungen in der Maramureş ist die herrliche *Wischau-Schlucht (Cheile Viseului)*. Von dort geht's rauf auf den ukrainischen Gipfel *Pop Ivan* oder am Bergkamm des *Muntii Maramuresului* entlang. Übernachten kannst du in den Bauernhäusern der Region. Schlafsack nicht vergessen! Mehr Infos: *karpatenwilli.com*

Auf dem Fröhlichen Friedhof erzählen Grabmäler Biografien

ZIELE IN DER MARAMUREŞ

1 SURDEŞTI

Hier steht es, das berühmteste Werk der Maramureş-Baukunst: eine prächtige ★ ⚑ *Kirche aus Eichenholz*, 1724 gebaut. Ihr Glockenturm ragt 54 m in den Himmel und ist eine der höchsten Holzkonstruktionen Europas. Innen sind die Wände mit dichtem Stoff verkleidet, der wiederum mit Tempera bemalt wurde. *📖 G2*

2 OCNA ŞUGATAG

Kleiner Kurort auf einem Hügel an einem früheren Salzbergwerk. In der Umgebung liegen die Dörfer *Hărniceşti, Deseşti, Sat Şugatag* mit kunstvoll im Inneren bemalten Holzkirchen aus dem 17. und 18. Jh. sowie das Dorf *Hoteni,* in dem jährlich Anfang Mai das Pflügen mit Volksmusik *(Festival Tânjaua de pe Mara)* gefeiert wird. Der *Gavril-See* bei Ocna Şugatag zeigt – einzigartig in Europa – aus der Vogelperspektive die Umrisse eines Menschen. Hier kannst du angeln oder Boot fahren. Am besten bleibst du über Nacht in einem der acht Campinghäuser und grillst dir dein Abendessen selbst. Auf *maramuresgreenways.ro* gibt es Infos über den hier verlaufenden *Greenway Maramures*. Zu Fuß, per Rad oder auf dem Pferdewagen erlebst du diese einmalige Landschaft, die Menschen und ihre Lebensweisen hautnah. *G2*

INSIDER-TIPP
Immer schön langsam!

3 SIGHETU MARMAŢIEI

Kaum zu glauben – aber diese liebliche Kleinstadt (37 600 Ew.) im hohen Norden an der Grenze zur Ukraine gilt als Sinnbild des Schreckens. Nicht nur die Barock- und Gründerzeitarchitektur der Altstadt zeugt von der k.u.k.-Vergangenheit, sondern vor allem das wuchtige *Gefängnis (Di–So 9.30–16.30 Uhr | Str. Corneliu Coposu 4 | memorialsighet.ro)*. Der Komplex wurde völlig erneuert zu Museum und Gedenkstätte für die Nazi-Widerstandskämpfer und Opfer des Kommunismus. Schwere Kost, aber großartig präsentiert. Nicht entgehen lassen!

Berühmtester Sohn des Orts ist der Friedensnobelpreisträger Elie Wiesel. Von hier deportierten ihn die Nazis nach Auschwitz. Wiesels *Geburtshaus (Str. Dragoş Vodă/Ecke Str. Tudor Vladimirescu)* ist eine Gedenkstätte. Von der reichen, mit dem Holocaust untergegangenen jüdischen Kultur erzählt auch der jüdische Friedhof neben der einzigen verbliebenen Synagoge *(Str. Bessarabia 10)*. *G1*

4 SĂPÂNŢA

Wo in der Welt gibt es bitteschön so etwas – einen ★ *Fröhlichen Friedhof (Cimitirul Vesel)*? Die Grabmäler in dem Dorf an der Grenze zur Ukraine sind aus leuchtend blau gestrichenem Holz gearbeitet. Die Texte darauf erzählen in heiteren Versen das Leben und die Todesumstände der Verstorbenen. Lass doch mal diskret das Smartphone drüberfahren und übersetz dir die heiteren Verse zum Leben der Verstorbenen. Mit der Arbeit begann Schreinermeister Ioan Stan Pătraş 1935. Der Friedhof ist nicht groß, aber ein wirkliches Erlebnis, das jeden Umweg lohnt. Versprochen! *G1*

5 VIŞEU DE SUS

Eine faszinierende Reise mit der 46 km langen *Wassertalbahn (Mai–Okt. | Erwachsene ab 55, Kinder ab 37 Lei | Voranmeldung unter Tel. 0262 35 33 81 | cffviseu.ro)* erlebst du in Vişeu de Sus (15 000 Ew.). Die holzbefeuerte Dampflokomotive zieht die Waggons kurvenreich über Brücken und durch Tunnel ins wildromantische Wassertal *(Valea Vaserului)*. Die Waldbahnen dienten ursprünglich nur dem Transport der in den Karpatenwäldern geschlagenen Hölzer. Auf einem Rangiergleis am Bahnhof von Vişeu de Sus können Eisenbahnfans sogar im

INSIDER-TIPP
Mit der Wassertalbahn ins Abenteuer

Hotelzug, dem *Carpatia-Express (Reservierung am Bahnhof oder auf cffviseu.com | €),* nächtigen.
In der *Pension Nagy (Str. Prislopolui 82 | Tel. 0262 354681 | pensiuneanagy.ro | €€)* gibt's in einem ehemaligen Gutshof nicht nur Zimmer, sondern auch Wellness, Biokäse und ein Restaurant mit traditioneller Küche. *🕮 G2*

ORADEA

(🕮 E2) **Die zauberhafte Stadt am idyllischen Fluss Crişul Repede nahe Ungarn ist der westliche Eingang ins Apuseni-Gebirge.**
Oradeas (196400 Ew.) prächtige Jugendstil- und Barockarchitektur musst du einfach gesehen haben. Auf der Straße wird fast nur Ungarisch gesprochen. Die Magyaren nennen ihre Stadt *Nagyvárad*.

WOHIN ZUERST?

Rathaus (Primaria): Der Jugendstilbau an der *Piața Regele Ferdinand* markiert das Zentrum der Altstadt. Dein Auto kannst du gleich nebenan auf dem gebührenpflichtigen Parkplatz abstellen. Fußgängerzone und Schwarzer Adler sind von hier ganz nah, ebenso wie die *Piața Unirii* mit ihren vielen Kirchen. Zwischen Hauptbahnhof und Rathaus verkehren die Straßenbahnen der Linien 1, 3 und 4.

SIGHTSEEING

KIRCHE MIT MOND (BISERICA CU LUNĂ) ★

Dieses barocke, orthodoxe Sakralgebäude von 1790 am Hauptplatz der Stadt trägt auf dem 55 m hohen Turm eine ungewöhnliche Uhr, die die Mondphasen anzeigt. Innen gibt es Fresken von 1816 bis 1836 zu bestaunen. *Piața Unirii*

RATHAUSTURM

Treppe marsch, marsch! Von den drei Panoramaebenen des Rathausturms kannst die Stadt aus der Vogelperspektive genießen. *Di–Fr 12.30–18, Sa/So 12.30–19 Uhr | Piața Unirii 1–2*

SCHWARZER ADLER (VULTURUL NEGRU) ★

Die Einkaufspassage des gleichnamigen Palasts (Palatul Vulturul Negru) von 1908 mit Spitzbogendach und kunstvollen Glasscheiben entstand im Stil der Wiener Sezession. Leider sind viele Geschäfte derzeit geschlossen, aber die Passage macht dennoch definitiv Eindruck. *Zugang über Piața Unirii, Str. Independenței, Str. Alecsandri*

BURG (CETATE)

Die einst sehr baufällige Burganlage aus dem 16. Jh. wurde vor einigen Jahren renoviert. Nun sind die alten Mauern mit ihren Renaissance- und Barockelementen einen Blick wert. Schau dir auch den alten Backofen an, um den herum ein *Brotmuseum* eingerichtet wurde. Hier probierst du traditionell gebackenes Brot und Brezeln. *Di–So 9–17 Uhr | Piața Independenței | ⏱ 1–2 h*

STAATSTHEATER
Schick, schick: neoklassizistisches Gebäude von 1899 der Wiener Architekten Ferdinand Fellner und Hermann Helmer. *Piața Republicii*

BAROCKPALAST
Der alte Bischofspalast im Petőfi-Sándor-Park ist vor allem wegen seiner 100 mit herrlichen Fresken geschmückten Räume eine Stippvisite wert. Auch Ausstellungen. *Di, Do, Sa 10–15, Mi, Fr, So 10–18 Uhr | Eintritt 8 Lei | Bulevardul Dacia 1–3 | mtariicrisurilor.ro | ⏲ 1 h*

ESSEN & TRINKEN

ROSECAS RESTAURANT & TERASA
Fast ein Gourmetrestaurant zu Mittelklassepreisen. Da kann man einfach nichts falsch machen. Topservice und, wie der Name schon andeutet, eine sehr schöne Terrasse. *Traian Mosoiu Str. | Tel. 0745 26 56 73 | rosecas.ro | €€*

NEVIS
Eigentlich ein Hotel, aber das hauseigene *Orhideea Restaurant* besitzt eine wirklich vielseitige Speisekarte, auch für Vegetarier. *Str. Lăpușului 2 | Tel. 0259 40 79 70 | hotelnevis.ro | €€*

RUND UM ORADEA

6 STÂNA DE VALE
90 km/1 h 45 min von Oradea (Auto)
Dieser idyllische Klecks mitten in einer Hügellandschaft in 1102 m Höhe ist zugleich Kurort und ganz traditioneller Treffpunkt der Wintersportler und Wanderer. Im Winter bis weit in den April hinein liegen hier bis zu 2 m Schnee. Besondere Attraktion sind die Wasserfälle *Iadolina, Moara Dracului* („Teufelsmühle") und *Săritoarea Ieduțului*, die man von Stâna de Vale aus im 42 km langen *Valea Iadului* („Höllental") erwandern kann. *E3*

Selbst in beige und ohne Flügel schön: der Schwarze Adler

Durchgefroren in Scărişoaras Eishöhle? Die lieblich-bäuerliche Umgebung wärmt dich auf

7 BÄRENHÖHLE (PEŞTERA URSULUI)

85 km/1 h 30 min von Oradea bis ins Dorf Chişcău (Auto)

Bis zu 55 000 Jahre alte Stalaktiten und Stalagmiten bringen dich in der spektakulären Tropfsteinhöhle am Dorf Chişcău zum Staunen. Die Höhle heißt so, weil dort 1975 das Skelett eines prähistorischen Bären gefunden wurde. *Zugang nur mit Führung (Dauer ca. 45 Min.) Mai–Sept. Di–So 10–17 Uhr | Eintritt 30 Lei | pesteraursilor.ro |* *E3*

8 EISHÖHLE SCĂRIŞOARA ★

132 km/2 h 25 min von Oradea (Auto)

Eine niemals schmelzende, 7500 m³ große, glitzernde Eislandschaft tut sich hier unter der Erde auf. Das Naturwunder stammt aus der Eiszeit, als das gesamte Apuseni-Gebirge mit Gletschern bedeckt war. Zwar gibt es offizielle Öffnungszeiten, aber man kann immer hinein. Warme Kleidung ist oberstes Gebot. In die grün bewachsene Schlucht zur Höhle führt allerdings nur eine äußerst klapprige metalleneStiege, um deren Instandhaltung sich niemand kümmert. Aber wegen der herrlichen Hügellandschaft der Umgebung lohnt sich die unbequeme Anreise auf einer Schotterpiste. Bei nassem Wetter brauchst du aber ein Auto mit Allradantrieb.

Wie hingetupft liegen hundert Jahre alte Bauerneinödhöfe in den Hängen. Im nahen Dorf *Gârda de Sus* richten die Landwirte immer mehr kleine Gasthöfe für die wachsende Zahl von Besuchern ein. Liebevoll umsorgt und bis zum Platzen gefüttert mit siebenbürgischen Köstlichkeiten wird der Gast etwa in der Familienpension Scărişoara *(Tel. 0744 52 83 63 | Facebook: Pensiunea Ghetar Scarisoara | €)*. Die Familie betreibt zudem eine traditionelle Farm auf 1100 m Höhe, etwa 800 m von der Scărişoara-Höhle entfernt. Wirt Dinu Paşca führt auch Gruppen ab sechs Personen durch das Westgebirge. *Route über Beiuş, Arieşeni | 🕮 F2*

INSIDER-TIPP
Schlemmen bei den Bergbauern

9 IZVORU CRIŞULUI

113 km/1 h 45 min von Oradea (Auto)

Eine einzige Shoppingmeile für Folklorefans ist dieses Dorf an der Landstraße Oradea–Cluj. Direkt an der Ortsdurchfahrt bieten zig Läden authentische alte ungarische Bauerntrachten und bestickte Tischdecken an. *🕮 F3*

TIMIŞOARA (TEMESWAR)

(🕮 D4) **Die Hauptstadt des Banats im rumänischen Teil der ungarischen Puszta wirkt, als habe man aus der Metropole Budapest die Luft herausgelassen, sodass eine k.u.k.-Stadt im Kleinformat übrig blieb – mit über 319.000 Einwohnern.**

Kaum zu glauben, dass Temeswar im 19. Jh. die erste elektrische Straßenbeleuchtung Europas besaß. Über die Jahre blätterte dann aber etwas der Putz von den Fassaden und es ging bergab. Doch jetzt tut sich wieder etwas in Temeswar: Wirtschaftsboom, Baustellen allerorten und dann war da noch das große Datum: 2021 sollte man Kulturhauptstadt Europas werden. Wegen der Pandemie wurde das Großereignis auf 2023 verschoben.

Im 18. Jh. haben Österreicher die Stadt nach der Vertreibung der Türken als Garnison errichtet. Ein Völkergemisch aus Deutschen, Rumänen, Ungarn, Serben und Juden bestimmte die städtische Atmosphäre. Noch heute hört man viel Ungarisch und Serbisch auf der Straße. Im Dezember 1989 spielten sich in Temeswar blutige Szenen ab, als hier die Revolte begann, die zum Sturz Ceauşescus führte.

WOHIN ZUERST?

Domplatz (Piaţa Unirii): Mitten im schönsten Wiener Barock landest du auf dem von historischen Gebäuden wie *Dom* und *Kunstmuseum* gesäumten Platz. Wer aus Richtung Lugoj per Auto anreist, parkt an der *Piaţa Ionel I. C. Brătianu* oder in der *Str. Oituz* und geht durch die *Str. M. Corvin* zu Fuß zum Domplatz. Von hier sind Nationaltheater, Lloyd-Zeile und Bega-Kanal nicht weit. Vom Hauptbahnhof aus nimmst du am besten ein Taxi.

SIGHTSEEING

DOMPLATZ (PIAŢA UNIRII) ★

Über Kopfsteinpflaster schlenderst du auf diesem quadratischen Platz voller Wiener Barock am besten zur Caféterrasse direkt gegenüber der Dreifaltigkeitssäule, die Ende des 18. Jhs. aus Dankbarkeit nach einer überstandenen Pestepidemie aufgestellt wurde. Von hier schweift der Blick zum alten Präfekturpalast, heute ein Kunstmuseum, auf die serbisch-orthodoxe Kathedrale und den römisch-katholischen Dom, ein Werk des Wiener Architekten Emanuel Fischer von Erlach. Innen stehen acht Altäre, reich verziert mit barocken Schnitzereien und Gemälden. Alle drei Gebäude wurden 1745 vollendet.

LLOYD-ZEILE (PIAȚA VICTORIEI)

Die Fußgängerzone zwischen Oper und rumänisch-orthodoxer Kathedrale ist Temeswars Flaniermeile mit vielen Geschäften, gesäumt von abwechslungsreicher Architektur aus Wiener Sezession und rumänischem Neo-Brâncoveanu-Stil. Der Platz war Hauptkampfgebiet während der 1989er-Revolte. Auf den Stufen der Kathedrale kam es zur grausamsten Gewalttat jener Tage: Die Armee erschoss gezielt eine Gruppe Kinder.

GESCHICHTSMUSEUM (MUZEUL DE ISTORIE)

Es liegt in der alten Hunyadenfestung, die im 18. Jh. wiederaufgebaut wurde, nachdem das Original aus dem 14. Jh. zerstört worden war. Hier wird die Geschichte der Region unterhaltsam präsentiert. Eine Straßenlaterne aus dem 19. Jh. vor dem Eingang zum Museum erinnert an den größten Stolz der Einheimischen, die erste elektrische Straßenbeleuchtung Europas. *Di–So 10–18 Uhr | Piața Ion Huniade 1 | 1–2 h*

ALTES RATHAUS (PRIMĂRIA VECHE)

Das barocke alte Rathaus wurde 1734 vom italienischen Architekten Pietro Bonzo entworfen und auf den Grundmauern eines im Türkenkrieg zerstörten türkischen Bads errichtet. Es ist das älteste Gebäude der Stadt. *Piața Libertății*

PRINZ-EUGEN-HAUS (CASA EUGEN DE SAVOYA)

„Prinz Eugen, der edle Ritter", wie es in einem Volkslied heißt, hat das Banat

Wo sich Wiener Barock bildschön ums Quadrat verteilt: der Domplatz von Timişoara

von den Türken befreit. Der Adlige aus dem Haus Savoyen, berühmter Feldherr des Habsburgerreichs, wohnte von 1717 an in dem Barockhaus. Ein Gemälde über dem Eingangsportal zeigt die Türkenvertreibung. *Str. Ceahlău 24*

VOLKSKUNDEMUSEUM (MUZEUL DE ETNOGRAFIE)

Hier wird es so richtig rustikal-international: Trachten und Gebrauchsgegenstände der Banater Bauern aller vier Nationen sind in diesem Gebäude ausgestellt, das in einem Teil der alten

Festung untergebracht ist. *Di–So 10–16.30 Uhr | Str. Popa Şapcă 1 | ⏲ 1 h*

ESSEN & TRINKEN

OVRIDE SPECIALTY COFFEE

Einfach nur zurücklehnen: locker, entspannt, hübsch – und dazu richtig leckerer Kaffee. Die wohl beste Adresse der Stadt. *Str. Lucian Blaga | Tel. 0730 00 49 76 | €*

CASA BUNICII

Herzerwärmend: Die verstorbene Oma des Gastwirts lebt in der Speisekarte weiter, die sie zu Lebzeiten mitgestaltete: Hier gibt es echte Banater Küche. Sehr kinderfreundlich. *Piața Alexandru Mocioni 8 | Tel. 0356 10 08 70 | €*

AUSGEHEN & FEIERN

LLOYD-ZEILE (PIAȚA VICTORIEI)

Auf den Bierterrassen am Korso tobt das Leben der Stadt, vor allem in der warmen Jahreszeit.

CLUB 30

INSIDER-TIPP
Spiel's noch einmal, Wham!

Lust auf Nostalgie? In dieser Disko nahe der rumänisch-orthodoxen Kathedrale schmettern Livebands vorwiegend Oldies aus den 1970er- und 1980er-Jahren. *Rund um die Uhr geöffnet | Piața Victoriei 7*

THEATER IN DEUTSCHER SPRACHE

Sie sind nicht unterzukriegen: Im Opernhaus spielt das bereits seit 1953 existierende Temeswarer Deutsche Staatstheater regelmäßig klassische und moderne Stücke. Spielplan unter *deutschestheater.ro. Alba Iulia 2 | Tel. 0256 20 12 91*

RUND UM TIMIŞOARA

10 ARAD

65 km/1 h von Temeswar (Auto)

Der Bau einer neuen Festung am Südufer der Marosch beeinflusste die Entwicklung der heute dynamischen Stadt maßgeblich. Sie ist nach Temeswar die zweitgrößte (170 000 Ew.) im Banat und liegt in der gleichnamigen Ebene am Mureş-Fluss (Marosch). Bis Mitte des 18. Jhs. war Arad eher ein Städtchen. Zwischen 1763 und 1783 entstand die Festung. In einer 2 km breiten Sicherheitszone um die Festung durften keine Zivilbauten entstehen. Vorsicht beim Zücken der Smartphones: Bis heute ist wegen der Militäreinheit auf diesem Gelände Fotografieren verboten. Die Bewohner von Arad gehen gern ins *Neptun-Freibad* am linken Marosch-Ufer. Das riesige Bad liegt im Grünen, besitzt zwei Thermalwasserbecken, Terrassen und Spielplätze für Kinder. Mit Eintrittspreisen zwischen 1 und 3 Euro ist es noch dazu richtig günstig. *🕮 D4*

11 LIPOVA

61 km/1 h 15 min von Temeswar (Auto)

Im 10 000-Seelen-Städtchen liegt die beeindruckende barocke, zweitürmige Wallfahrtskirche Maria Radna weit-

Sarmizegetusa: Holzpflöcke markieren, wo einst das Heiligtum der Dakerfestung stand

hin sichtbar auf einem Hügel. Den ansteigenden Fußweg zum Eingang säumen überlebensgroße Heiligenfiguren, furchterregend und faszinierend zugleich. Einst war hier ein Dominikanerkloster angesiedelt. Jedes Jahr zu Mariä Himmelfahrt am 15. August herrscht rund um Kirche und Kloster großes Wallfahrtsgedränge und Jahrmarktstreiben. In der Riesenkirche, die 5000 Menschen Platz bietet, gibt es dann nicht einmal mehr Stehplätze. Inzwischen frisch restauriert, beherbergt das Kloster nun auch ein *Museum*. Ein neues *Touristenbüro* liegt am Fuß des Kirchenhügels. *E4*

12 SARMIZEGETUSA

120 km/2 h 10 min von Temeswar (Auto)

Sein Name ist ein Zungenbrecher, und auch sonst hat es der Ort in sich: Ruinen aus der Römerzeit mit Überresten von Forum Romanum und Tempeln liegen verstreut und vernachlässigt auf einem Feld direkt an der Landstraße. Es sind Teile der ehemaligen Hauptstadt der römischen Provinz Dacia (das Auto wurde danach benannt, nicht umgekehrt), die unter Kaiser Trajan 108–110 n. Chr. gebaut wurde und ursprünglich *Colonia Ulpia Traiana Augusta Dacica* hieß; Kaiser Hadrian fügte noch *Sarmizegetusa*, den Namen der ehemaligen Dakischen Hauptstadt, hinzu. Alles wirkt ausgesprochen kurios, inmitten von Wiesen, Bauernhöfen, Kühen und Federvieh. Die Mauern bestehen aus denselben Steinen, die die Bauern noch heute für ihre Zäune benutzen: dicke Kieselsteine aus dem nahen Bach. 20 km weiter kannst du in Ohaba Sibişel im *Dakerdorf Sargeția* erle-

Wandern für Fortgeschrittene im Rocky Retezat mit seinen Flüssen und Gletscherseen

ben, wie die Vorfahren der Rumänen gewohnt und gelebt haben. Ein Verein baut das Urdorf unter Anleitung von Archäologen auf. Sieben der elf Rundbauten mit Grasdach und ein Campingplatz stehen Touristen zur Verfügung. 🕮 F5

13 NATURPARK RETEZAT ★

115 km/1 h 30 min von Temeswar nach Caransebeş (westlicher Eingang zum Gebirge) (Auto)

In die wildeste Berglandschaft Rumäniens verirren sich nur wenige Wanderer. Zu Unrecht! Geübte Bergsteiger wagen sich auf den 2511 m hohen Gipfel Peleaga. Im 540 km² großen, geschützten Paradies gibt es richtige Urwälder. 80 Gletscherseen blitzen in den Schluchten auf. Braunbären spazieren umher. Übernachten könnt ihr im Zelt – müsst ihr aber nicht: Inzwischen bieten auch richtig komfortable Pensionen in einsamer Wildnis ihre Dienste an. Nächste Städte sind Haţeg im Norden, Caransebeş im Westen und Petroşani im Osten. 🕮 F5

14 BĂILE HERCULANE (HERKULESBAD)

188 km/2 h 40 min von Temeswar (Auto)

Schon in der Antike war das im Süden des Banats liegende *Herkulesbad* (3000 Ew.) für seine heilenden Quellen bekannt. Spuren von Thermen aus der Römerzeit – damals hieß der Ort *Aqua Herculis* – beweisen es. Ein Römerweg führt vom historischen Stadtkern bis zur Nationalstraße 67 D. Der

Weg ist Teil der grenzüberschreitenden Römerstraße, der *Via Danubii*. Der Legende nach soll Herkules an diesem Ort seine Wunden nach dem Kampf mit der Hydra geheilt haben. Das mediterrane Klima sorgt für eine spannende Pflanzen- und Tierwelt (am besten im *Domogled-Naturpark* zu betrachten), die Infrastruktur ist zum Teil etwas heruntergekommen. Infos unter *baileherculane.ro*

Im *Cerna-Tal* nicht weit von Băile Herculane im Nordosten steigst du kostenlos in natürlich gebildete kleine Becken mit heißem Thermalwasser – die sieben Quellen genannt, *Şapte izvoare*. Leider ist die ganze Anlage inzwischen ein wenig verfallen. Wähl deshalb lieber die beiden kostenpflichtigen Bäder: die sind modern und angenehm. *E5*

Zuckel am besten von dort gleich weiter ins 43 km entfernte *Drobeta Turnu-Severin* *(E6)*. In der Donaustadt, in der Kurt Tucholsky evangelisch getauft wurde, stehen die Ruinen der von Apollodorus von Damaskus, einem berühmten römischen Architekten, im Jahr 103 gebauten *Trajansbrücke* am Flussufer. Leg auf der Strecke bei km 380 unbedingt einen Stopp ein: Von hier aus kannst du die sogenannte *Banater Sphinx*, ein seltsames Felsgebilde über dem Wald am gegenüberliegenden Ufer der Cerna bewundern.

15 REŞIŢA

100 km/1 h 30 min von Temeswar (Auto)

In der alten Industriestadt im Banater Bergland gibt es ein *Freiluftmuseum für alte Dampflokomotiven*, das Tag und Nacht kostenlos zugänglich ist. Der Lokomotivenpark, in dem das älteste Exemplar von 1872 stammt, liegt im Rangierbereich des Bahnhofs. *Calea Timişoarei* | *E5*

SCHÖNER SCHLAFEN IN DER MARAMUREŞ

RUHE AUF DEM LAND

Die Wassertalbahn von Vişeu de Sus ist ein Muss. Gleich am Stadtrand gibt's den perfekten Übernachtungsplatz dazu, die *Pensiunea Landhaus (Str. Nicolae Grigorescu 1 b, Tel. 0740 647119 | Buchung tel. oder über booking.com | €€)*. Ruhig gelegen, dafür sind die letzten Meter ein wenig holprig. Der Besitzer lebte jahrelang in Deutschland. Er ist supernett, spricht perfekt Deutsch und ihr werdet euch pudelwohl fühlen. Auch das Frühstück ist einwandfrei. Mit dem Wohnmobil darf man hier stehen. Und hundefreundlich ist's auch.

EIGENE VIER WÄNDE

Der äußerste Norden Rumäniens ist nicht allzu touristisch. Umso schöner, dass es dieses sympathische Apartment mitten im sehenswerten Sighetu Marmaţiei gibt: *Punct Pe I Cazare (Strada Simion Bărnuţiu 2–6 | Tel. 744 286639 | cazarepunctpei sighet.ro | €–€€)*. Zum Highlight, dem Fröhlichen Friedhof, ist es nur eine Viertelstunde per Auto. Preis-Leistungs-Verhältnis top!

SIEBENBÜRGEN

STÄDTE & LANDSCHAFTEN WIE GEMALT

Hier mystisch und geheimnisvoll, dort idyllisch und lieblich – Siebenbürgen lässt die Phantasie reiche Blüten treiben. Der Name klingt erst einmal wie „hinter den sieben Bergen bei den sieben Zwergen". Und ein bisschen so sieht es hier aus – auch wenn der Name eigentlich von den Burgen stammt, die Ritter und Bauern von Rhein und Mosel ab dem Mittelalter bauten.
Hunderttausende Siebenbürger Sachsen lebten in der Region. Die meisten wanderten inzwischen nach Deutschland aus, aber einige

Ein echtes Stück Bilderbuch-Siebenbürgen – findet auch die Unesco: Sighişoara

Zehntausend gibt es bis heute. Vor allem leben in Siebenbürgen 1,5 Mio. Ungarn. Nicht wundern: In Städten wie Cluj-Napoca wird sehr viel Ungarisch gesprochen. Meisterwerke des Wiederaufbaus bewunderst du in den restaurierten Innenstädten von Sibiu, Braşov und Alba Iulia. Und dann sind da noch die evangelischen Kirchenburgen – trutzige, großartige Wehranlagen von Unesco-Qualität, über die ganze Region verteilt und in vielen Fällen mit phantastischen Aussichten auf die Landschaft: So etwas gibt es nur in Siebenbürgen.

SIEBENBÜRGEN

MARCO POLO HIGHLIGHTS

★ **SCHWARZE KIRCHE**
Braşovs Kathedrale ist das größte gotische Bauwerk in Südosteuropa. ➤ S. 70

★ **BRAN**
Wo Dracula angeblich gern gesehener Gast war: eine Ritterburg wie aus dem Bilderbuch. ➤ S. 74

★ **PELEŞ**
Das Hohenzollernschloss in Sinaia blitzt und blinkt in der Sonne. ➤ S. 75

★ **ALTSTADT VON SIBIU**
Das herrlich herausgeputzte Zentrum von Hermannstadt findet nicht nur die Unesco mitreißend. ➤ S. 63

★ **LÜGENBRÜCKE**
Unter der Last von Lügnern soll die Brücke in Sibiu der Legende nach zusammenbrechen. Traust du dich? ➤ S. 64

★ **ALBA IULIA**
Sehr alt und sehr lebendig: die Stadt in der Burg ➤ S. 68

★ **BIERTAN**
Keine ist so prächtig: das Schmuckstück unter den Kirchenburgen Siebenbürgens ➤ S. 69

★ **SIGHIŞOARA**
Die höhergelegte Unesco-Burgstadt wird dich begeistern! ➤ S. 69

CLUJ-NAPOCA (KLAUSENBURG)

(📖 F3) **Die Stadt im Norden der Region ist zumindest im Kern fest in studentischer Hand. Eigentlich führt sie (325 000 Ew.) sogar drei Namen, denn die Ungarn, die sie zu einem Drittel bevölkern, nennen sie Kolozsvár.**

WOHIN ZUERST?

Piața Unirii: Vom zentralen Platz der Innenstadt aus mit seinen schönen historischen Bauten und den vielen Cafés erreichst du das Wichtigste zu Fuß. Dein Auto parkst du gebührenpflichtig direkt an der Piața Unirii oder in der näheren Umgebung, z. B. auf dem Parkplatz *Marasti (Calea Dorobantilor 105)*. Vom Hauptbahnhof im Norden von Cluj-Napoca bringen dich Straßenbahn- und Buslinien direkt zum Platz.

Im Zentrum atmet Cluj-Napoca (das Cluj wird übrigens wie „Klusch" ausgesprochen) das Flair einer zugleich altehrwürdigen und modernen Universitätsstadt. Entsprechend tummeln sich viele junge Leute in den Bars, Cafés und Kneipen der Innenstadt um die Piața Unirii, den von Neoklassizismus und Spätbarock geprägten zentralen Platz. Bis zum Zusammenbruch der k.u.k.-Monarchie 1918 war Cluj die Hauptstadt der Provinz Siebenbürgen und gilt daher bis heute als wichtiges geistiges Zentrum der Magyaren.

SIGHTSEEING

KUNSTMUSEUM (MUZEUL NAȚIONAL DE ARTĂ)

Perfekte Pinselführung: Rumänische Malerei des 19. und des frühen 20. Jhs., aber auch italienische, niederländische und flämische Meister, Ikonen, Möbel und alte Waffen im barocken Palais. *Mi–So 10–17 Uhr | Eintritt 8 Lei | Piața Unirii 30 | macluj.ro | ⏲ 1–2 h*

MICHAELSKIRCHE (BISERICA SFÂNTUL MIHAIL)

In der gotischen Hallenkirche wurden viele siebenbürgische Fürsten gekrönt. Sehr wertvoll sind die Schleynig-Kapelle mit Malereien des frühen 15. Jhs. und die barocke Kanzel. Der Turm der Michaelskirche ist das höchste Bauwerk der Stadt. Mächtig, umgeben von riesigen Kriegern, steht Ungarns König Matthias Corvinus als Standbild vorm Südportal der Michaelskirche. *Piața Unirii | ⏲ 30 min*

APOTHEKENMUSEUM (COLECȚIA DE ISTORIE A FARMACIEI)

Lauter Gerätschaften aus den alten Zeiten der Heilkunst sind im Gebäude der ältesten Apotheke der Stadt (1573) zu sehen. *Di, Do/Fr 10–16, Mi 12–18 Uhr | Eintritt 8 Lei | Piața Unirii 28 | ⏲ 1 h*

BABEŞ-BOLYAI-UNIVERSITÄT

Der Neorenaissancekomplex der Universität beherbergt acht Fakultäten mit rumänischer, ungarischer und deutscher Unterrichtssprache. 1872 als Franz-Joseph-Universität eröffnet. *Str. Kogălniceanu 1*

FRANZISKANERKLOSTER (MÂNĂSTIREA FRANCISCANILOR)

Eine Musikschule gibt in diesem Bauwerk aus dem 15. Jh. heute den Ton an. Besonders das gotische Refektorium solltet ihr gesehen haben. *Piața Muzeului*

REFORMIERTE KIRCHE

Die gotische Kathedrale aus dem 15. Jh. stiftete der ungarische König Matthias Corvinus. Sehenswert ist u. a. eine geschnitzte Kanzel aus dem Jahr 1646. Vor der Kirche steht eine Statue des hl. Georg von 1373. *Str. Gh. Doja 1*

ESSEN & TRINKEN

CHIOS SOCIAL LOUNGE

Piekfein, hip und trendy geht es zu in dem hübschen Belle-Epoque-Bau am Stadtparksee von Cluj-Napoca. Hier speist du international, bei den Desserts aber dominieren die traditionellen Pfannkuchen. *Tgl. 10–1 Uhr | Parcul Principal | Tel. 0753 05 90 36 | chios.ro | €€€*

MAIMUȚA PLÂNGĂCIOASĂ

In dem historischen Lokal mit dem merkwürdigen Namen – Der weinende Affe – tafelst du in nettem Ambiente internationale und rumänische Gerichte von der großen Speisekarte. *Tgl. 8–23 Uhr | Str. Emil Isac 3 | Tel. 0723 31 83 93 | maimutaplangatoare.ro | €*

Keine Frage, wer hier der Boss ist: Ungarnkönig Matthias Corvinus und seine Männer

AUSGEHEN & FEIERN

INSOMNIA

Schlafloser und studentischer geht es kaum: In dem von jungen Designern entworfenen Café bist du vom Frühstück bis zum Absacker bestens aufgehoben. *Tgl. 8–1 Uhr | Str. Universității*

RUND UM CLUJ

1 SĂVĂDISLA

25 km/30 min von Cluj-Napoca (Auto)

Ins Grüne gucken und dabei schlemmen kannst du in Săvădisla (oder Tordaszentlászló, wie die überwiegend ungarische Bevölkerung es nennt), einem verträumten Dorf bei Cluj. Vorbei an saftigen grünen Feldern landest du in *Tamás' Bistro (Tel. 0264 37 44 55 | tamasbistro.ro | €)*. Dort sitzt man in alten Kutschen und isst Ungarisch-Deftiges. Der Chef István Tamás organisiert nach Absprache für seine Gäste auch Ausflüge mit Pferdewagen einschließlich Grillpicknicks mit Volksmusik live. Er schließt außerdem das *Heimatmuseum* auf, dem die Bauern aus der Region die Gerätschaften ihrer Urgroßväter stifteten. *F3*

INSIDER-TIPP
Eine Kutschfahrt, die ist lecker

2 TURDA (THORENBURG)

35 km/45 min von Cluj-Napoca (Auto)

Schon 1075 wird der Ort (50 000 Ew.) in einer Urkunde erwähnt – wegen seiner Salzvorkommen. Noch heute ist die besondere Attraktion Turdas das eindrucksvolle Salzbergwerk. Bis 1832 wurde hier das weiße Gold gewonnen. Inzwischen hat man das Bergwerk zu einem Touristenmagneten unter Tage umgebaut. Du betrittst die *Saline (tgl. 9–16 | Eintritt 30, Parkplatz 5 Lei | neuer Eingang: Aleea Durgaului 7 | salinaturda.eu | 2–3 h)* mit k.u.k.-Flair durch die 1 km lange *Franz-Josef-Galerie*. Richtig spektakulär wird es, wenn du im Panoramaaufzug 112 m in die Tiefe hinabgleitest – zum See der ehemaligen Terezia-Mine, unter dem gewaltigen Gewölbe dieser Höhle. Unten gibt es alles von Minigolf und Bowling bis hin zu Kinderspielplatz und Karussell. Skurril, lustig, aufregend. Und versuch doch mal, hinauf Treppe statt Fahrstuhl zu nehmen – die salzige Luft macht das Atmen leichter! Pullover nicht vergessen, unter Tage herrschen nur 10 Grad! *G3*

INSIDER-TIPP
Fahrstuhl in die Tiefe

3 BISTRIȚA (BISTRITZ)

109 km/1 h 50 min von Cluj-Napoca (Auto)

Diese hübsche k.u.k.-Kleinstadt (75 000 Ew.) war früher ein Zentrum für Handel und Handwerk. Am schönsten sind der Rundbogen-Laubengang auf der winkligen Hauptstraße und die spätgotische Kirche aus dem 16. Jh. mit 500 Jahre alter Orgel. Die Kirche ist nicht ständig geöffnet. Pfarramtsmitarbeiter schließen dir aber gern auf. Nach einem Brand restaurierte man den Turm der evangelischen Kirche und baute gleich einen Aufzug ein, der dich in luftige Höhe bringt. *G2*

Rote Dächer, pastellfarbene Fassaden, wohin das Auge schaut – Sibius Altstadt von oben

SIBIU (HERMANNSTADT)

(🕮 G4) **Die uralten Torbogen und Gassen in Hermannstadt sind derart verwinkelt und verschachtelt, dass sie wie ein kubistisches Gemälde wirken.**

Mit dem dritten Jahrtausend kam 2007 für Sibiu (147 000 Ew.) der Titel als „Kulturhauptstadt Europas" und damit die Wiederauferstehung: Die ★ Altstadt, Unesco-Weltkulturerbe, wurde herrlich herausgeputzt und macht heute Bewohnern wie Besuchern richtig Spaß. 1223 erstmals urkundlich erwähnt, birgt Sibiu die mächtigsten Wehranlagen ganz Siebenbürgens. Bis zum Zweiten Weltkrieg blühten dort sowohl Maschinenbau als auch Leichtindustrie. Auf den dramatischen wirtschaftlichen Niedergang folgt jetzt ein rasanter Aufschwung.

WOHIN ZUERST?

Großer Ring (Piața Mare): bester Ausgangspunkt, um die Altstadt zu Fuß zu besichtigen. Hier stehen Rathausturm und Brukenthalpalais. Parkplätze gibt es an der *Str. Mitropoliei* und auf der *Piața Mică*. Vom Hauptbahnhof aus ist der Große Ring zu Fuß in zehn Minuten zu erreichen. Unter dem Turm der römisch-katholischen Kirche hindurch führt ein Durchgang auf den *Kleinen Ring (Piața Mică)* und über die Lügenbrücke auf den *Huetplatz*.

SIGHTSEEING

LÜGENBRÜCKE ★

Sibiu scheint die ehrlichste Stadt der Welt zu sein, denn die kleine gusseiserne Brücke an der Piața Mica von 1859 soll – einem Aberglauben zufolge – einstürzen, falls ein Lügner sie betritt. Sie führt noch immer über einen alten Burggraben zur evangelischen Stadtpfarrkirche.

EVANGELISCHE STADTPFARRKIRCHE

Als wäre sie wie ein Baum mit dem Boden verwachsen, steht die dreischiffige gotische Kirche da, etwas zu wuchtig für den engen Platz. Zwischen 1322 und 1520 wurde sie gebaut. Sehenswert sind das Kreuzigungsfresko und das bronzene Taufbecken aus dem 15. Jh. sowie die zwei Flügelaltäre (16. u. 17. Jh.). *Piața Huet*

DEUTSCHES GYMNASIUM

Ein echter Blickfang ist die barocke Aula in diesem Gebäude aus dem 18. Jh., das den Namen des sächsischen Barons Samuel von Brukenthal trägt. *Piața Huet | gegenüber der evangelischen Stadtpfarrkirche*

ALTES RATHAUS (CASA ALTEMBERGER)

Wegen des spitzen gotischen Turms wirkt das Gebäude wie eine Kirche. Fast 500 Jahre war es das Rathaus, heute behaust es das Historische Museum. In die Spätgotik mischen sich Elemente der italienischen Renaissance. Der ☂ gedeckte Turm ist ein guter und besonders bei Regen beliebter

Aussichtspunkt. *Di–So 9–17 Uhr | Eintritt 20 Lei | Al. Odobescu 2 | 1 h*

BRUKENTHAL-MUSEUM (MUZEUL BRUKENTHAL)

Der barocke Palast von Gouverneur und Kunstsammler Baron Samuel von Brukenthal (1721–1803) ist Rumäniens ältestes Museum. Unter den 900 000 Exponaten sind Werke von Rubens, Breughel und van Dyck. Außerdem enthält die Sammlung Drucke sowie die 200 000 Bände umfassende Bibliothek des Barons mit wertvollen Exemplaren aus dem 15. und 16. Jh. *Di–So 9–17 Uhr (21. Okt.–21. März Di, sonst 1. Di im Monat geschl.) | Eintritt 20 Lei | Piața Mare 4 | brukenthalmuseum.ro | 2–3 h*

STADTBEFESTIGUNG

Nur noch Teile der alten Stadtmauer und fünf der 500 Jahre alten Türme sind vorhanden. Du kannst sehr hübsch daran entlangflanieren, ohne die Altstadt zu verlassen. Die dicken Türme tragen die Namen der Zünfte, die sie gebaut haben: Armbruster-, Töpfer-, Schmiede-, Lederer- und Zimmermannsturm.

VOLKSKUNDE-FREILICHT-MUSEUM (MUZEUL ASTRA)

In der zauberhaften Anlage im idyllischen Stadtwald Dumbrava, nur wenige Autominuten vom Zentrum, erwanderst du 340 alte Bauernhöfe, dazu Mühlen, Teiche und Kirchen. Auf keinen Fall verpassen! Integriert ist auch eine zünftige Gaststätte. *Tgl. 8–20 Uhr | Eintritt 25 Lei | Pădurea Dumbrava 16–20i | muzeulastra.ro | 3 h*

ESSEN & TRINKEN

ALT HERMANNSTADT (CRAMA SIBIUL VECHI)

Hier tragen die Kellner rumänische Tracht, und auf den Teller kommt deftige Bauernküche, manchmal begleitet von Livemusik. Probier die Spezialität *Schäfers Brotsack (traista ciobanului). Tgl. 12–23 Uhr | Str. Al. Papiu Ilarian 3 | Tel. 0269 210461 | sibiulvechi.ro/en | €€*

CRAMA ILEANA

Im Weinkeller am Altstadtrand wird der Maisbrei *mămăligă* noch in saurer Sahne gekocht. Du sitzt auf Wolldecken, umgeben von Hirtenpelzen an den Wänden. *Tgl. 12–24 Uhr | Piața*

Heute schon geflunkert? Macht nichts, die Lügenbrücke hat noch nie Ernst gemacht

Teatrului 2 | Tel. 0269 43 43 43 | crama ileana.ro | €€

KULINARIUM

Das Passende für jeden Geschmack bietet dieses gemütlich eingerichtete Lokal am Kleinen Ring. Im Sommer sitzt es sich schön auf der Terrasse. *Tgl. 12–23 Uhr | Piața Mică 12 | Tel. 0733 93 75 90 | kulinarium.ro | €*

PARDON

Das Café-Atelier und Bistro mit Retro-Charme hat eine Terrasse mit Blick auf die Wehrtürme der früheren Verteidigungsanlage Sibius. *Tgl. 10–24 Uhr | Cetății 14 | Tel. 0747 77 72 22 | pardoncafesibiu.ro*

SHOPPEN

MÄRKTE

Auf dem *Biobauernmarkt* auf dem Huetplatz bekommen Selbstversorger jeden Freitag zwischen 9 und 16 Uhr Fleisch- und Milchprodukte, Obst, Gemüse, Honig, Brot und andere Biowaren. Hier könnt ihr auch die sonst schwer zu findende süße siebenbürgische Spezialität *Hanklich* ergattern. Einen *Markt* mit Produkten aus biologischem Anbau veranstaltet im Sommer auch regelmäßig das Freilichtmuseum.

INSIDER-TIPP
Süße Pizza naschen

RUND UM SIBIU

4 AVRIG (FRECK)

28 km/35 min von Sibiu (Auto)

Dem verblassten Glanz siebenbürgisch-sächsischer Kultur spürst du in der Orangerie nach, die der einstige Gouverneur, Aufklärer und Gelehrte Baron Samuel von Brukenthal zur Zucht exotischer Früchte in Freck bauen ließ. Heute werden in der Orange-

KIRCHENBURGEN

Kirchenburgen sind Markenzeichen und Namensgeber Siebenbürgens. In fast jedem der 241 Sachsendörfer gab es eine, an die 150 sind noch erhalten, wenn auch die meisten in baufälligem Zustand. Sie wurden zum Schutz gegen immer wieder angreifende Türken und Tataren gebaut. Um die Kirchen herum errichtete man Befestigungsanlagen mit vielen Innenräumen. Die boten sämtlichen Dorfbewohnern Platz und waren mit allem ausgerüstet, was man während einer Belagerung brauchte: Schlaf-, Korn- und Speckkammern, Wasserzufuhr, unterirdische Gänge, Schießscharten und Gefängniszellen. Das Beste an den Besichtigungen heute sind die oft ganz schön abenteuerlichen, steilen Holztreppen hinauf in die Kirchtürme der Burgen, z. B. in Biertan.

rie ein Hotel und eine exquisite *Gaststätte (Palatul Brukenthal | Str. Gheorghe Lazar Nr. 39 | Tel. 0726 23 44 17 | palatulbrukenthalavrig.ro | €€)* betrieben, in der auch Bioprodukte serviert werden. G4

5 CISNĂDIOARA (MICHELSBERG)

12 km/15 min von Sibiu (Auto)

Dieses urige sächsische Dorf dicht bei Sibiu ist ideal zum Entspannen. Am Dorfende beginnt der Silberbach, der auf Kieselsteinen mitten durch einen Wald hüpft. Wahrzeichen und beliebter Treffpunkt ist der „halbe Stein", ein Felsen-Naturdenkmal am Bachufer. Oben auf der Kirchenburg kannst du zwischen den alten Gemäuern nach Lust und Laune herumkraxeln – tolle Aussicht inklusive. Probier auch unbedingt *Hanklich*, jene süße Festtagsspeise, die den Spitznamen *siebenbürgische Pizza* trägt. Sie wird im Juli und August jeden Sonntag im Rahmen der sommerlichen Konzertreihe *Michelsberger Spaziergänge (17 Uhr | in der Dorfkirche | michelsberger-spaziergaenge.evang.ro)* nach den Musikveranstaltungen im Pfarrhof gereicht. G4

INSIDER-TIPP
Klettern auf der Kirchenburg

6 PĂLTINIŞ (HOHE RINNE)

33 km/45 min von Sibiu (Auto)

Der höchste Luftkurort Rumäniens (1450 m) ist ein beliebter Ausgangspunkt für Wanderungen im Cibin-Gebirge und für Skisport. Die Pisten in 1200 m Höhe eignen sich für Könner. G4

Frisch, fair, freundlich: Kauf direkt bei den Erzeugern auf Sibius Märkten

7 SIBIEL

19 km/20 min von Sibiu (Auto)

In Sibiel erwartet dich die größte Ikonensammlung des Landes in einem eigenen kleinen *Museum (tgl. 9–17 Uhr | sibiel.net)* auf dem Hof der orthodoxen Dorfkirche. Die Ikonen – naive Darstellungen von Bibelszenen, die anonyme Bauern hinter Glas gemalt haben – stammen zumeist aus dem 18. und 19. Jh. Besonders interessant

In Biertan schmiegen sich Häuser an die Wehrburg. Man fragt sich: Wer schützte hier wen?

sind jene aus der unmittelbaren Region. Sie sind daran zu erkennen, dass auch ihr Holzrahmen bemalt ist. Der liebliche Ort ist auch ein idealer Ausgangspunkt für leichte Wanderungen. *G4*

8 HUNEDOARA (EISENMARKT)

126 km/1 h 20 min von Sibiu (Auto)

Am Westende Siebenbürgens liegt die Stadt (58 000 Ew.), deren Leben zeitweilig von einer Eisenhütte bestimmt wurde. Auf einer Anhöhe thront das *Hunyadi-Schloss (Mai–Aug. Mo 12–20.30, Di–So 9–20.30, Sept.–April nur bis 15 oder 16 Uhr | Eintritt 31 Lei | castelulcorvinilor.ro)*. Die Burg aus dem 14. Jh. steht auf den Ruinen einer römischen Festung. Sie wird nach und nach restauriert, macht aber schon jetzt ganz schön schwer Eindruck – zu jeder Jahreszeit. *F4*

9 ALBA IULIA (KARLSBURG) ★

76 km/55 min von Sibiu (Auto)

Das müsst ihr gesehen haben: Die mächtige, sternförmige Festung von Alba Iulia ist wie eine Stadt in der Stadt (63 500 Ew.) mit vielen tollen historischen Bauten und Straßen. Gute rumänische Küche mit Logenblick auf die tägliche Wachablösung gibt es auf der Terrasse von *Pub 13 (Aleea Capistrano | Tel. 0728 44 44 15 | pub13.ro | €)* – mitten in der Festung.

Nordwestlich in Tecşeşti führt das *Lebendige Museum (Muzeul Viu)* seine Besucher zu den Ursprüngen der

Siedlungsgeschichte in der Region zurück. Das Museum ist das gesamte Dorf. Hier taucht ihr ein in die Welt der Frühsteinzeitmenschen, erfahrt eine Menge über die Mythen und Sagen dieser wunderschönen Gegend und tragt en passant dazu bei, dass die 14 noch im Ort lebenden Bewohner ihre Traditionen weiter pflegen können. F4

10 MEDIAŞ (MEDIASCH)

55 km/1 h von Sibiu (Auto)

Mitten in Weinhügeln versinkt die poetisch-verschlafene Kleinstadt, ein Sibiu in Kleinformat (47 000 Ew.). Im Zentrum steht eine Wehrburg mit gotischer Kirche und prächtigem, holzgeschnitztem Altar. Steig ein in die Zeitmaschine und schlendre durch die Altstadtgassen. Das leckerste Essen gibt's ausgerechnet beim Chinesen: *Chinezesc Zen (Mo–Fr 10–18 Uhr | Str. Stephan Ludwig Roth | Tel. 0749 06 05 52 | restaurant-chinezesc-zen.ro).* G4

INSIDER-TIPP
Zen in Siebenbürgen

11 BIERTAN (BIRTHÄLM) ★

75 km/1 h 15 min von Sibiu (Auto)

Wie Küken um die Glucke scharen sich die Bauernhäuser von Birthälm (1500 Ew.) um die mächtige Kirchenburg aus dem 15. Jh. Sie ist die wertvollste Siebenbürgens. Der Weg auf ihr Dach über eine steile Holztreppe ist abenteuerlich. Die Tür der Sakristei besitzt 22 Riegel, die alle zugleich mit einer einzigen Schlüsseldrehung bewegt werden – ein Technikkunstwerk des Mittelalters.

In 6 km Entfernung ist *Richiş (Reichesdorf)* definitiv einen Abstecher wert. Die Kirchenburg ist ein Juwel volkstümlicher Architektur; der Kurator Johann Schaas erzählt gern und humorvoll aus der Geschichte des Orts. Im ehemaligen evangelischen Pfarrhaus hat Familie Timmerman aus den Niederlanden ein schönes Gästehaus mit guter Küche eingerichtet – *La Curtea Richvini (Tel. 0269 25 84 75 | lacurtea-richis.ro | €).* G4

12 SIGHIŞOARA (SCHÄSSBURG) ★

94 km/1 h 40 min von Sibiu (Auto)

Wenn du schon von Hermannstadt bezaubert warst, wirst du dich hier verlieben. Die mittelalterliche Puppenstube (28 000 Ew.) fächert sich an einem Berg auf, umgeben von einer Wehranlage aus dem 12./13. Jh. Wahrzeichen ist der 64 m hohe, wuchtige *Stundturm*, der auch als Aussichtspunkt bestiegen werden kann. Figuren im Turmuhrwerk zeigen die Stunden und Wochentage an. Das *Museum (tgl. 9–16 Uhr)* im Burginneren zeigt die Stadtgeschichte und Teile der Apotheke des Meisters Andreas Bertram (1636). Die *Bergkirche* von 1345 mit dem deutschen Friedhof erklimmst du direkt aus der Burgstadt auf den 175 Stufen der hölzernen, überdachten *Schülertreppe*. Jährlich im August gibt es ein Kulturfestival mit Gauklern, Hexen- und Vampirshows. Schässburg bekennt sich zum Draculamythos (s. S. 20), denn das reale Vorbild des Blutsaugers, Fürst Vlad Ţepeş, wurde hier geboren. Es gibt viele großartige, historische Unterkünfte. G4

BRAŞOV (KRONSTADT)

(▯ H4) **Das Schönste an Braşov (275 000 Ew.) im südöstlichen Karpatenknie ist die phantastische Altstadt im Talkessel.**

Auf dem hübsch renovierten Rathausplatz *(Piața Sfatului)* mit den barocken Fassaden und in den benachbarten Altstadtsträßchen tobt das Leben in Cafés, Kneipen und Geschäften, besonders natürlich abends. Und das ist noch nicht alles: Eine Seilbahn hinauf auf den Hausberg mit dem Stadtnamen im Stil der riesigen Hollywood-Lettern erreicht ihr aus der Altstadt locker per Spaziergang.

Inmitten von Bergen, Wanderwegen und Skigebieten ist Braşov dazu noch ein idealer Ausgangspunkt für Ausflüge und für Wintersport. Keine andere Stadt in Rumänien liegt so zentral – nirgendwohin ist es wirklich weit von hier, sogar Bukarest ist keine Weltreise.

WOHIN ZUERST?

Schwarze Kirche: Das Wahrzeichen Braşovs liegt mitten in der Altstadt. Am besten parkst du auf dem bewachten gebührenpflichtigen Parkplatz in der *Str. Gh. Barițiu,* nur wenige Schritte entfernt. Vom Hauptbahnhof aus nimmst du ein Taxi oder die Busse Nr. 4 oder 51. Von der Schwarzen Kirche aus lässt sich die Altstadt problemlos zu Fuß besichtigen.

SIGHTSEEING

SCHWARZE KIRCHE (BISERICA NEAGRĂ) ★

Na ja, schwarz ist die größte gotische Kathedrale Südosteuropas nicht gerade. Sie war es aber für lange Zeit, nachdem sie 1689 fast abbrannte. Seit einer Renovierung kommt sie eher grau daher, aber nicht weniger mächtig und beeindruckend. Auch kurios: An den Emporen hängen alte orientalische Gebetsteppiche – Geschenke reicher sächsischer Kaufleute mit Geschäftsbeziehungen in die Türkei. In der 1385–1477 gebauten Kirche predigte der Humanist Johannes Honterus, der neben dem Taufbecken aus Bronze begraben wurde. Die Orgel mit den 4000 Pfeifen ist die größte der ganzen Region.

INSIDER-TIPP **Darauf kannst du pfeifen**

Jedes Jahr im Orgelsommer genießt du Juni–Sept. dienstags um 18 Uhr den Klang dieser Kirche *(Eintritt 15 Lei | Juli/Aug. auch Do und Sa). Mitte April–Sept. Di–Sa 10–19, So 12–19, Okt.–Mitte April Di–Sa 10–16, So 12–16 Uhr | Eintritt 12 Lei | Curtea Johannes Honterus 1 | Südseite des Rathausplatzes | honterusgemeinde.ro |* ⏲ *1 h*

ALTES RATHAUS (PRIMĂRIA)

Dieses gedrungene Gebäude am Hauptplatz von Braşov sieht mit seinem Uhrenturm zwar wie eine Kirche aus, war aber 500 Jahre lang Rathaus. 1770 wurde es barock restauriert und bekam seinen *Trompeterturm* hinzu. Heute ist ein Geschichtsmuseum drin. *Di–So 9–17*

Uhr, im Sommer bis 16 Uhr | Piața Sfatului | ⏲ *1 h*

SANKT NIKOLAUS-KIRCHE (BISERICA SF. NICOLAE)

Die rumänisch-orthodoxe Kirche (1512) beeindruckt mit einem schrägen Stilmix: außen gotisierende Formen, innen ist byzantinisches Dekor mit Fresken aus dem 18. Jh. und Ikonen kombiniert. Daneben steht das älteste rumänische Schulhaus, das heute ein Museum ist und u. a. die älteste Druckerpresse Rumäniens sowie die älteste rumänischsprachige Bibel besitzt. *Tgl. 9–17 Uhr | Piața Unirii 2* | ⏲ *30 min*

STADTBEFESTIGUNG

Die 2 m dicken und 12 m hohen Stadtmauern boten Einlass über imposante Öffnungen wie das Katharinentor *(Poarta Ecaterinei)* mit vier Ecktürmen. Von acht Pulvertürmen blieben drei erhalten: die *Tuchmacherbastei* im Norden, die *Seilerbastei* in der Mitte und im Süden die *Leinweberbastei*.

DIE ZINNE (TÂMPA)

Das ultimative Kronstadt-Erlebnis: Per Kabinenseilbahn geht's auf den Gipfel des Hausbergs mit toller Aussicht. Folg oben unbedingt noch wenige Minuten dem Wanderweg, und schon stehst du hinter den riesigen Buchstaben „Brașov", die à la Hollywood über der Stadt thronen. An der Seilbahn solltest du gerade im Sommer etwas Wartezeit einplanen. *Ab Talstation Burgpromenade, 10 Min. zu Fuß aus der Altstadt* | ⏲ *2 h inkl. Auf- und Abfahrt*

ESSEN & TRINKEN

GAURA DULCE

Das „Süße Loch" in einem Innenhof am Rathausplatz serviert traditionelle rumänische Küche und heimische Weine in modernem Ambiente, dazu montags bis freitags Tagesmenüs und Livemusik zwischen 19 und 23 Uhr. Außer Deftigem vom Grill gibt es hier die leckeren siebenbürgischen Desserts wie *papanași* (Quarkkrapfen) und *lapte de pasăre* (Vogelmilch). *Tgl. 10–24 Uhr | Piața Sfatului 12–14 | Tel. 0268 52 30 99 | gauradulce.ro | €*

KAFEA

Kleines, cooles, junges Lokal für Kaffee-Liebhaber. Gegenüber der Schwarzen Kirche. *Tgl. 7–21 Uhr | Str. George Barițiu 34 | Tel. 0726 46 64 66 | €*

MILLENIUM PUB & CAFÉ

Feiner Rehbraten auf Brotkruste gefällig? Dann solltest du dieses Lokal unterhalb der Zinne unbedingt aufsuchen. Mitten in der Stadt genießt du die lokalen Spezialitäten ganz entspannt im lauschigen Garten. *Str. Negoiu 14 | Tel. 0268 412363 | Facebook: MilleniumPubCafe | €*

GELATO MANIA

Nur ein paar Minuten vom Altstadtkern. Aber seien wir ehrlich: Hierhin würde auch ein stundenlanger Fußmarsch lohnen: Das beste Eis weit und breit, es zergeht nur so auf der Zunge. Im Sommer

Am Bärensee im Szeklerland tummeln sich sommers reichlich Erfrischungssuchende

musst du allerdings schon mal ein wenig Schlange stehen. *Str. Prundului 37 | Facebook: Gelato Mania Brasov*

AUSGEHEN & FEIERN

Am Rathausplatz und in der Fußgängerzone Str. Republicii sitzt du in vielen Cafés und Kneipen abends besonders gemütlich.

BISTRO DE L'ARTE

Altmodisch-verschnörkelt und doch modern und angesagt. Vom stilvollen Frühstück bis zum romantischen Absacker am späten Abend – hier finden nicht nur Künstler Entspannung. Auch Ausstellungen. *Mo–Sa 9–1, So 12–1 Uhr | Piața George Enescu 11 bis | bistrodelarte.ro*

RUND UM BRAŞOV

13 PREJMER (TARTLAU)

18 km/20 min von Brașov (Auto)

Wuchtige, 3–4 m dicke Mauern umgeben die sächsische Wehrburg mit gotischer Kirche aus dem 15. Jh. Zu sehen gibt es eine ausgeklügelte Waffe: Die „Todesorgel" konnte mehrere Geschosse gleichzeitig abfeuern und Belagerer in Angst und Schrecken versetzen. *H4*

14 SZEKLERLAND (HARGHITA & COVASNA)

58 km/1 h von Brașov (Auto)

In die Harghita fährt, wer in aller Abgeschiedenheit und Ruhe wandern, schlemmen und sich ausruhen will. Von Nord nach Süd zieht sich das Szeklerland. Szekler nennen sich die hier seit Jahrhunderten lebenden Ungarn. In den Kreisen Harghita und Covasna stellen sie mehr als 75 Prozent der Bevölkerung. Für einen Badeurlaub bietet sich *Sovata* nordwestlich der Harghita an, schon seit 1884 als Kurort bekannt. Durch Einstürze in einem Salzstock haben sich hier Mitte des 19. Jhs. zum Teil riesige Seen gebildet. Der größte, der bis zu 18 m tiefe *Lacul Ursu (Bärensee | lacululursu.ro)*, erstreckt sich einem Bärenfell gleich über 40 ha. Dort ist es im Sommer sehr betriebsam und ihr könnt in einer der vielen Imbissbuden wunderbar ungarisch snacken.

INSIDER-TIPP Ungarn zum Reinbeißen

Weiter östlich in Harghita Băi wartet auf 1350 m Höhe der *Balu Adventure Park (Juli–Aug. tgl. 9–19, Mai, Juni, Sept. Fr–So 9–19 Uhr | Eintritt für 3 Std. Kinder 45, Erwachsene 55 Lei | Harghita Băi 59 | balupark.com)*, größter Kletterpark Südosteuropas mit 120 Parcous auf 1,5 ha mit unterschiedlichen Schwierigkeitsgraden für Kinder und Erwachsene. Besonderer Nervenkitzel: der *Tiroler Parcours*, auf dem du an einem einzigen Stahlkabel knapp einen Kilometer lang durch die schönste Natur saust. Die Betreiber stellen entsprechende Ausrüstungen nach europäischen Sicherheitsstandards sowie gut augebildetete Betreuer.

Im Kreis Covasna bei Reci liegen neben einem unter Naturschutz stehenden Birkenwald bis zu 12 m hohe große voreiszeitliche Sanddünen mitten im ansonsten fruchtbaren Landstrich. Das Gästehaus *Micloşoara (Tel. 0742 20 25 86 | transylvaniancastle.com | €)* in Micloşoara organisiert auch Natur- und Kulturwanderungen. *H-J 3-4*

15 POIANA BRAŞOV

15 km/25 min von Brașov (Auto)

Traditionsreichster, in der Hochsaison überlaufener Ski- und Wanderort in den Karpaten mit vielen modernen Hotels und Restaurants. Angeblich kommen zwei Millionen Skiwütige jedes Jahr hierher, über vier Fünftel davon aus dem Inland. *poiana-brasov.com* | *H5*

16 BÄRENRESERVAT ZĂRNEŞTI

27 km/45 min von Brașov (Auto)

Ohne Zweifel das beste Erlebnis rund um wilde Tiere werdet ihr beim Bärenservat von Zărnești vor den Toren der Stadt haben. Im Bear Sanctuary haben über 100 Braunbären eine zweite Heimat gefunden, dank der privaten Initiative einer großartigen Frau namens Cristina Lapis und all ihrer freiwilligen Helfer. Teils sind es verletzte Tiere, teils missbrauchte, die jahrelang in engen Käfigen vegetieren mussten. Bewegende Geschichten, ein in perfektem Englisch geführter Rundgang über das in die Hügellandschaft eingebettete Gelände und natürlich die mächtigen Bären machen diesen Ausflug zum Highlight. Und alle Erträge aus Eintritten und Verkäufen von Souvenirs fließen dem guten Zweck zu. Die letzten paar Kilometer gehen über einen etwas rumpeligen Feldweg. *Libearty – Bear Sanctuary | Führungen nur vormittags, am besten vorher online eine konkrete Führung reservieren | millionsoffriends.org/en* | *H5*

17 BRAN (TÖRZBURG) ★

27 km/30 min von Brașov (Auto)

Hier soll Draculas Vorbild, Fürst Vlad Țepeș, öfter genächtigt haben. Das wuchtige Gemäuer mit vielen Erkern und Türmchen setzten die Kronstädter Sachsen 1377 auf einen Felsen – mit herrlicher Aussicht auf das bewaldete Tal und auf die Bucegi-Berge. Im Schloss *(April–Sept. Mo 12–18, Di–So 9–18, Okt.–März Mo 12–16, Di–So 9–16 Uhr | Eintritt 40 Lei | bran-castle.com)* ist für recht viel Geld eher wenig zu sehen, aber reise trotzdem unbedingt an – allein schon für das Panorama und für die Jahrmarkt-Atmosphäre draußen. *H5*

18 PREDEAL

28 km/40 min von Brașov (Auto)

Für Ski- und Wandertouren ist dies der ideale Ausgangspunkt. Übernachtungsmöglichkeiten gibt es hier wie Schnee in der Antarktis. Das Auskunftsbüro liegt neben dem Bahnhof im *Centrul de Informare şi Promovare al Turismului (Str. Intrarea Gării 1 | Tel. 0268 45 53 30 | contact@predeal.ro)*. *H5*

19 BUŞTENI

38 km/45 min von Brașov (Auto)

Von dem Ort (9000 Ew.) aus am Fuß des Bucegi-Gebirges geht's per *Drahtseilbahn (Telecabina | Mitte Juni–Mitte Sept. tgl. 7.30–17.45, Mitte Sept.–Mitte Juni tgl. 8.30–15.45 Uhr)* zur sogenannten *Karpaten-Sphinx,* auf das durch Winderosion entstandene Bucegi-Plateau. Vorsicht: Wer den Abstieg über die Felsen zu Fuß wagen will, muss Wanderschuhe (!) tragen und schwindelfrei sein. Ebenfalls per Drahtseilbahn kommst du zur *Ialomiței-Höhle* und den Felsformationen „Babele" *(Mi–Mo 9–17.15, Di 10.30–17.15 Uhr)*. Aber: Die Seilbahnen sind während der Saison hoffnungslos überfordert, Chaos und stundenlange Wartezeiten nagen an den Nerven. Doch nicht verzagen, es gibt eine tolle Alternative: Fahr durch Sinaia und nimm rechts die teils nagelneue Bergstraße 713, auch bekannt als *Transbucegi*. Sie bringt dich zu den Bergstationen der Seilbahn und du kannst die schicken Felsen in kurzer Zeit erwandern. Und die Ausblicke unterwegs sind unvergleichlich! *H5*

INSIDER-TIPP
Nicht ärgern, fahren!

Armer Dracula: Hätte er nur gewusst, wie schön Schloss Bran bei Tageslicht aussieht

20 SINAIA

49 km/1 h von Brașov (Auto)

Im Nobelkurort mit Kasino vergnügten sich Adel und Reiche schon vor hundert Jahren. Heute zieht Sinaia (10 400 Ew.) auch ganz normale Skitouristen auf die bis zu 2000 m hoch gelegenen Hänge mit Gondel, Bob- und Rodelbahn. Am Wochenende steht man aus Brașov kommend schon mal im Stau. Sehenswert im sympathischen Ortszentrum auch das orthodoxe Kloster.

Den Zauber der Monarchie vergangener Zeiten kann man im idyllischen Schloss ★ *Peleş (Di 11–17, Mi–So 9–17 Uhr, Sept.–April auch Di geschl. | Muzeul Național Peleş | peles.ro)* erleben, das seit dem Ende des Kommunismus bis zu seinem Tod 2017 wieder dem rumänischen Ex-König Mihai I. gehörte. Die letzten paar hundert Meter vom Parkplatz muss man zu Fuß gehen (auch aus dem Ortskern ist ein Spaziergang möglich). Das schadet aber gar nicht, denn unterwegs tun sich herrliche Blicke auf das Schloss auf, am schönsten morgens vor der offiziellen Öffnungszeit. Schau dir auch die später gebaute *Villa Pelişor (Do–So 11–19, Sept.–April Mi 11–17, Do–So 9–17 Uhr)* gleich daneben an, in der Carols Neffe, König Ferdinand, mit Familie Ferien machte. Spektakulär ist hier ein Zimmer mit ganz in Gold gehaltenen Wänden – das Atelier der exaltierten, kunstbeflissenen Königin Maria. *H5*

BUKAREST & WALACHEI

DIE QUIRLIGE METROPOLE

Reisende durchqueren den staubdurchwehten Landstrich südlich der Karpaten meist ohne nach links oder nach rechts zu schauen. In der Bărăgan-Steppe um Bukarest und östlich Richtung Schwarzes Meer reiht sich ein Getreidefeld an das andere – Walachei eben.

Die Rumänen selbst nennen die Gegend *țara românească* – „Rumänisches Land". Nicht nur Kulturfreaks haben in dieser Region eine Menge zu entdecken: die altrumänische Architektur, die Fürst Cons-

Paris? Wien? Bukarest! Der globale Cafélook ist längst in der Hauptstadt angekommen

tantin Brâncoveanu unter westlichem Einfluss prägte, die Fürstenschlösser in Târgovişte und Curtea de Argeş, Werke des Jahrhundertbildhauers Constantin Brâncuşi in Târgu Jiu.
Ach so, und ganz nebenbei natürlich auch noch die spannende und muntere Hauptstadt Bukarest, die dich positiv überraschen wird mit ihrer lebenslustigen, besonders nachts extrem bunten Altstadt, mit ihren monumentalen Alleen und Bauwerken und mit ihren vielen, riesigen Parks.

BUKAREST & WALACHEI

MARCO POLO HIGHLIGHTS

★ PARLAMENTSPALAST
Ohne Rücksicht auf Verluste gebaut: Der monströse Palast in der Hauptstadt Bukarest erinnert an die Diktatur, lässt dich aber auch staunen. ➤ S. 82

★ CURTEA DE ARGEŞ
In der Klosterkirche liegen Rumäniens Fürsten begraben. ➤ S. 89

★ STAVROPOLEOS-KIRCHE
Wichtiges und wunderschönes Denkmal altrumänischer Baukunst mit reichen Holzschnitzereien mitten in der Hauptstadt ➤ S. 82

★ MOGOŞOAIA-PALAST
Mit diesem Schloss prägte Fürst Brâncoveanu den nach ihm benannten Baustil. ➤ S. 87

★ **HOREZU**
Hervorragender Ausflug zu altrumänischer Baukunst und berühmter Keramik ➤ S. 90

★ **TRANSALPINA- & TRANSFOGARASCHER HOCHSTRASSEN**
Kleines Karpaten-Abenteuer für echte Asphalt-Cowboys ➤ S. 90, 91

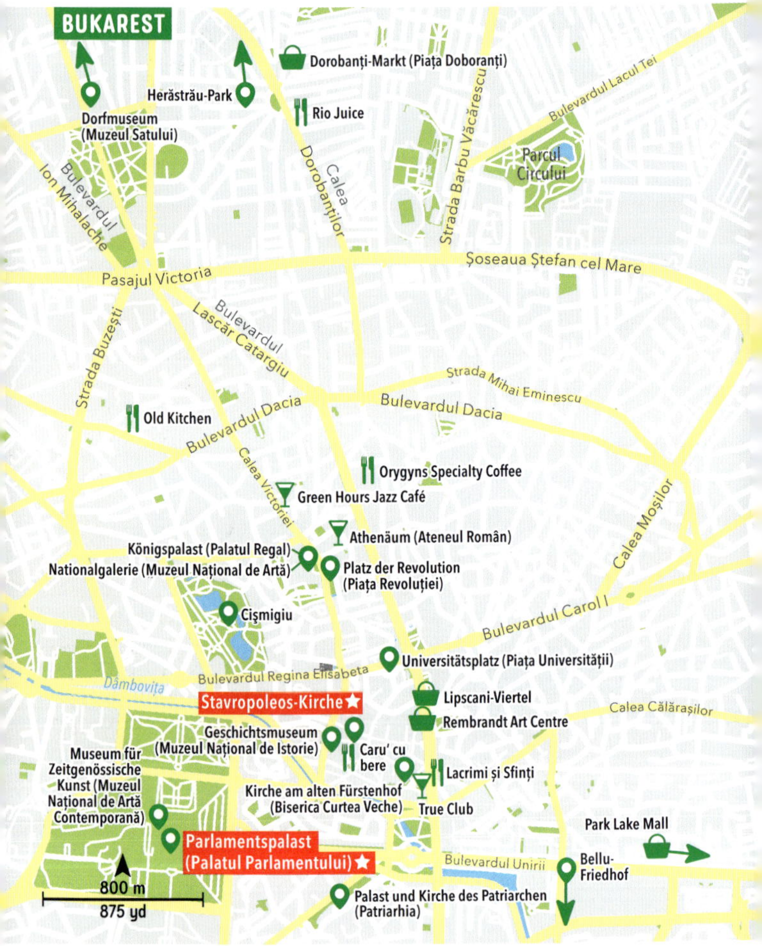

BUKAREST

(▯ J6) **Die Steppen-Metropole mit fast 1,9 Mio. Menschen, rumänisch Bucureşti, scheidet die Geister – aber nur, wenn man sie nicht kennt. Alle anderen haben Spaß am modern-balkanischen Flair, an der Dynamik dieser voranschreitenden Stadt, die zu leben, zu arbeiten, zu genießen und zu feiern weiß.**

Ja, es stimmt schon: Der Verkehr ist ganz schön heftig, eine gewisse Lautstärke herrscht hier rund um die Uhr, und beschaulich geht anders. Aber wer will schon dörfliche Idylle in einer aufstrebenden Hauptstadt des neuen

Europas? Spätestens seit dem Film „Toni Erdmann" wissen alle, dass Bukarest modern und lebendig ist, dass sich hier gerade richtig viel tut. In der kleinen Altstadt steppt der Bär fast jede Nacht. Und ein paar große grüne Oasen gibt es schließlich auch. Typische Bukarester sind schlagfertig und selbstironisch.

Optisch zerfällt Bukarest in widersprüchliche Welten. Im Norden liegt das Villenviertel der Politiker und Diplomaten in gepflegtem Grün, begrenzt vom riesigen Herăstrău-Park. Sogar ein Triumphbogen à la Paris reckt sich in die Höhe. Die Stadtmitte mit dem bunten Architekturmix ist kreuzartig durchschnitten von den lebhaften Boulevards Bălcescu, Magheru, Elisabeta und Carol. Nach Süden hin ziehen sich ungepflegte Plattenbauviertel, in denen das Gros der kleinen Beamten, der Arbeiter, Lehrer und Studenten wohnt.

Mit all den Widersprüchen bietet Bukarest ein buntes, quirliges Bild. Immer mehr Lokale eröffnen, die meisten mit italienischer Küche und Design. Elegante Menschen schlendern auf den Innenstadtboulevards, an den Ecken stehen Romafrauen in bunten Röcken und verkaufen Blumen. Viele sprechen Englisch oder Französisch. Nimm nach Möglichkeit die U-Bahn *(metrorex.ro)*, denn anders als Busse *(stbsa.ro)* und Taxis steht sie nie im Stau. Von Mai bis Sept. cruisen auch *Hop-on-hop-off-Busse (24-Std.-Karte 25 Lei | bucharestcitytour.stbsa.ro)* durch die Stadt. Dank der breiten Fuß- und Radwege lässt sich Bukarest auch mit dem Leihrad oder E-Scooter bestens erkunden.

WOHIN ZUERST?

(📖 d–e3) **Universitätsplatz (Piața Universității):** Herz der Hauptstadt. Parkplätze gibt es am *N.-Bălcescu-Boulevard* oder vor dem Nationaltheater. Wer mit dem Zug anreist, nimmt vom Bahnhof aus die Metro zur Station *Universitate*. Zu Fuß bist du schnell in der *Str. Lipscani*, die dem kleinen Altstadtviertel seinen Namen gab.

SIGHTSEEING

UNIVERSITÄTSPLATZ (PIAȚA UNIVERSITĂȚII)

Der Platz vor dem klassizistischen Universitätsgebäude von 1875 ist geschichtsträchtig, weil hier im Mai 1990 Gegner der Wenderegierung wochenlang protestierten und am Ende brutal auseinandergetrieben wurden. Heute tobt hier das studentische Leben: Konzerte, Events oder einfach nur mit Freunden abhängen am Wochenende. Und für dich ist der Platz der ideale Ausgangspunkt für jede Tour. Nicht umsonst wird er auch „Kilometer Null Rumäniens" genannt. *Kreuzung Bd. Bălcescu und Bd. Regina Elisabeta* | *📖 d–e3*

KIRCHE AM ALTEN FÜRSTENHOF (BISERICA CURTEA VECHE)

Das Besondere an dem Bauwerk sind die rötlichen Streifenornamente und der reliefartige Kranz aus Wellenlinien am oberen Teil der Fassade. Im Inneren sind die Wände größtenteils verrußt, doch nahe der Altarwand finden sich Fragmente von Fresken des 16. Jhs. Es ist die älteste Kirche in Bukarest, weil ihr Grundstein bereits im 14. Jh. gelegt wurde, und war ursprünglich Teil des alten Fürstenhofs, von dem nur noch Ruinen übrig sind. *Str. Iuliu Maniu 33 | 30 min–1 h | e4*

STAVROPOLEOS-KIRCHE ★

Mit reichen Holzschnitzereien im Neo-Brâncoveanu-Stil ist sie die schönste Kirche Bukarests im alten Kaufleuteviertel. Im Innenhof Freskenbruchstücke und Reste von Kirchen aus dem Bukarester Altstadtzentrum, die in der kommunistischen Zeit abgerissen wurden. *Str. Poştei 6 | 1 h | d4*

GESCHICHTSMUSEUM (MUZEUL NAȚIONAL DE ISTORIE)

Die ganze Geschichte Rumäniens in einem Haus. Highlight ist die Schatzkammer mit der Krone der rumänischen Königinnen und Schmuckstücken aus vorrömischer Zeit. Besonders wertvoll ist eine Sammlung gotischer Objekte aus dem 5. Jh.: mit Edelsteinen geschmückte Vasen, Fibeln, Ringe, Teller und Schalen aus Gold.

Kuriosität in der Steinzeitabteilung ist der „Denker von Hamangia" *(Gânditorul de la Hamangia)*. Die Tonstatuette wirkt wie eine moderne Plastik, ist aber über 6000 Jahre alt und wurde bei Cernavodă am Schwarzen Meer gefunden. *Mitte Okt.–März Mi–So 9–17, April–Mitte Okt. Mi–So 10–18 Uhr | Calea Victoriei 12 | mnir.ro | 2–3 h | d4*

PARLAMENTSPALAST (PALATUL PARLAMENTULUI) ★

Den monströsen Palast, mit insgesamt 450 000 m² nach dem Pentagon in Washington das zweitgrößte Gebäude der Welt, ließ Diktator Ceauşescu bauen. Für viele Bukarester eine architektonische Wunde, ist er trotzdem wegen seiner Monumentalität sehenswert. Schlappe 700 Architekten und 20 000 Arbeiter haben fünf Jahre rund um die Uhr daran gearbeitet. Die mehr als 3000 Zimmer, 60 Korridore und 64 Empfangssäle sind reich mit kitschigen Marmorreliefs verziert. Von den Decken hängen tonnenschwere Kristalllüster. So verrückt das alles auch ist: Eine Führung durch den Megaklotz ist dennoch – oder gerade deswegen – ein Erlebnis. Heute sind hier Abgeordnetenhaus und viele staatliche Institutionen untergebracht. Lass auf jeden Fall 5 Lei mehr springen und buch die so genannte *Underground Tour* mit. Damit geht es zusätzlich in den Keller des Palastes, in dem ein paar witzige Utensilien wie Abhörgeräte und Büroausstattung aus der kommunistischen Zeit ausgestellt sind. Achtung: Wer nicht kilometerweit um den Koloss wandern möchten – Eingang für Besichtigungen ist nur vom Bulevardul Natiunilor Unite aus! *März–Okt. tgl. 9–17, Nov.–Feb. tgl. 10–16 Uhr, Reservierung der jeweils nächsten freien Führung vor Ort, es muss mit Wartezeit gerechnet werden | Eintritt 40, mit Underground Tour 45 Lei | Bd. Unirii | cic.cdep.ro | 3 h inkl. durschn. Wartezeit | b-c3*

INSIDER-TIPP
Spionage im Untergrund

MUSEUM FÜR ZEITGENÖSSISCHE KUNST (MUZEUL NAȚIONAL DE ARTĂ CONTEMPORANĂ)

Das Museum in Ceauşescus Riesenpalast ist für Werke rumänischer Gegenwartskünstler vorgesehen. Die Terrasse des Museumscafés im 4. Stock ist ein guter Aussichtspunkt. *Mai–Okt. Mi–So 12–20, Nov.–April Mi–So 10–16 Uhr | Eintritt 16 Lei | Palatul Parlamentului | Calea 13 Septembrie | mnac.ro | 2 h | b–c5*

CIŞMIGIU

In der Parkanlage im Zentrum mit französischen Hecken, Weiher, Spielplatz, Café und sprudelnder Quelle erholen sich die Bukarester. Hier treffen sich auch Freiluftschachspieler. *Zugänge Bd. Mihail Kogălniceanu und Bd. Ştirbei Vodă | c3*

KÖNIGSPALAST (PALATUL REGAL)

Der Prachtbau dominiert die *Piața Revoluției* in der Stadtmitte. Bis zu seiner Abdankung 1947 lebte hier Rumäniens letzter König, Mihai I, der 2017 verstarb. Das neoklassizistische Gebäude (1937) war ein Auftragswerk des lebenslustigen, despotischen Königs Carol II. Heute dient das Gebäude als Nationalgalerie. Für Besucher geöffnet ist der *Thronsaal* der Könige. *Mi–So Mai–Sept. 11–19, Okt.–April 10–18 Uhr | Calea Victoriei | 30 min | d3*

NATIONALGALERIE (MUZEUL NAȚIONAL DE ARTĂ)

Die Nationalgalerie im früheren Königspalast zeigt die ganze Palette rumänischer Malerei vom 10. Jh. bis zur Moderne – mehr als 70 000 Exponate. Bedeutendste Namen sind die Maler Theodor Aman und Gheorghe Tăttărascu, Gründer der rumänischen Kunstakademie Ende des 19. Jhs. Zu sehen gibt es auch Kunstwerke ab dem 15. Jh. von deutschen, niederländischen, italienischen und französischen Meistern. *Mi–So Mai–Sept. 11–19, Okt.–April 10–18 Uhr | Eintritt*

Haus des Siegs über das Volk: So nennen Rumänen ihren monströsen Parlamentspalast

Geh auf ein Bier ins *Caru' Cu Bere:* Die bizarre Kneipengotik musst du gesehen haben

15 Lei | Palatul Regal | Piața Revoluției | mnar.arts.ro | 2–3 h | d2–3

PLATZ DER REVOLUTION (PIAȚA REVOLUȚIEI)

Hier spielten sich 1989 die Höhepunkte der blutigen Wende ab. Vom Dach des früheren Gebäudes des Zentralkomitees der rumänischen KP gegenüber dem Königspalast floh das Diktatorenpaar drei Tage vor seiner Hinrichtung per Hubschrauber vor wütenden Demonstranten. Minuten zuvor hatte Ceaușescu vom Balkon seine letzte Rede gehalten. *d2*

PALAST UND KIRCHE DES PATRIARCHEN (PATRIARHIA)

Die Kirche birgt eine prächtige vergoldete Ikonostase und eine besonders wertvolle Ikone (1665), die die Schutzheiligen Constantin und Elena darstellt. Der Palast mit Kirche ist Sitz des Patriarchen, Oberhaupt der rumänisch-orthodoxen Kirche. Der Komplex des 17. Jhs. war zunächst ein Kloster. Rechts daneben steht der Wohn- und Amtspalast des Patriarchen im Brâncoveanu-Stil, links ein klassizistischer Palast. *Dealul Patriarhiei | 1 h | d6*

BELLU-FRIEDHOF

Ein Freilichtmuseum der Grabarchitektur vom 18. bis 20. Jh. Die Grabstätten und Grüfte bekannter rumänischer Künstler und Politiker zieren Skulpturen ebenso bekannter Bildhauer. 180 davon stehen unter Denkmalschutz. *Șoseaua Olteniței | 0*

HERĂSTRĂU-PARK

Mit seinem frischen Grün auf insgesamt 187 ha ist der Park am Nordrand die Lunge der Stadt. Spielplätze, zwei Seen, Ruder- und Tretbootverleih sowie Caféterrassen locken bei gutem

Wetter viele Besucher an. Am besten leihst du dir am Eingang zum Park ein Fahrrad oder einen E-Scooter und entdeckst die mächtige Grünfläche auf zwei Rädern. Ein toller Biergarten mit Restaurant beim Freilichtmuseum ist das *Berăria H* (*tgl. 10–1.30 Uhr | Şoseaua Pavel Dimitrievici Kiseleff 32 | berariah.ro*). Abends gibt's dort oft Livemusik. *0*

INSIDER-TIPP
Lass anzapfen!

DORFMUSEUM (MUZEUL SATULUI)

Das beeindruckende Freilichtmuseum liegt im Herăstrău-Park und zeigt rund 300 jahrhundertealte Bauernhäuser, Kirchen und Mühlen aus allen Teilen des Lands. Im Sommer wird hier ein regelmäßiger Markt mit Produkten aus biologischem Anbau abgehalten. *April–Okt. Mo 9–17, Di–So 9–19 Uhr | Eintritt 15 Lei | Zugang Şoseaua Kisseleff | muzeul-satului.ro | 2 h | 0*

ESSEN & TRINKEN

CARU' CU BERE

Das Bierlokal von 1875 prägt innen deutsch-englische Neugotik mit Holzbalken und bunten Glasscheiben. Es gibt gute traditionelle rumänische Küche, aber herkommen musst du allein schon für das Interieur – und das Bier. *So–Do 8–24, Fr/Sa 8–2 Uhr | Str. Stavropoleos 3–5 | Tel. 0726 28 23 73 | carucubere.ro | €€ | d4*

RIO JUICE

So ein Saftladen: In der höchst sympathischen Bar in der Garage eines Hauses wird frisch Gepresstes angeboten – von tropischen bis hin zu sehr alltäglichen Früchten und Gemüsen. Der Schwerpunkt liegt auf brasilianischen Kreationen. Smoothies gibt's natürlich auch. Eine gute Abrundung: Die Betreiber behandeln dich sofort wie einen alten Freund. *Tgl. 9.30–16 Uhr | Intrarea Aviator Teodor Iliescu 2 | Tel. 0732 50 51 01 | Facebook: Rio Juice Romania | € | 0*

ORYGYNS SPECIALTY COFFEE

Direkt um die Ecke von der Piața Romana finden Kaffeeliebhaber hier ihren kleinen, aber wirklich feinen Rückzugsort in Bukarest. Natürlich sind die Bohnen, die hier verarbeitet werden, allesamt frisch geröstet. *Tgl. 8–19 Uhr | Str. Jules Michelet 12 | Tel. 0213 13 00 94 | Facebook: Orygyns Coffee | €€ | d2*

LACRIMI ŞI SFINȚI

Moderne Küche tischt man im Lokal „Tränen und Heilige" des rumänischen Star-Autors Mircea Dinescu auf. Für den Innenausbau wurden alte Hölzer aus traditionell siebenbürgischen Häusern verwendet. Die Zutaten der Gerichte kommen ausnahmslos aus Rumänien und direkt vom Hersteller. Probier die Vorspeise *zakuska* oder eine *Transhumanz*-Platte mit Käsevariationen aus der Gegend um Hermannstadt. *Di–So 12.30–2, Mo 18–2 Uhr | Str. Şepcari 16 | Tel. 0725 55 82 86 | lacrimisisfinti.com | €€ | e4*

OLD KITCHEN

Das frühere *Papa la Şoni* bietet mitten in Bukarest Spezialitäten der ungarischen und siebenbürgischen Küche. Gerichte mit Hammelfleisch, aber auch Kartoffel-

Historische Fassaden im Lipscani-Viertel, der kleinen Altstadt in der großen Hauptstadt

suppe mit geräuchertem Fleisch und Estragon kommen hier auf den Tisch. Fast alle Zutaten stammen aus biologischem Anbau bzw. aus ebensolcher Zucht. Bei schönem Wetter sitzt du im Biergarten. *Mo–Sa 12–22 Uhr | Str. Sfinții Voievozi 13 | Tel. 0732 77 35 37 | oldkitchen.ro* | €€ | *b1*

SHOPPEN

LIPSCANI-VIERTEL

Das älteste Händlerviertel von Bukarest an der *Biserica Curtea Veche*. In den verwinkelten Straßen *Lipscani* („Leipziger"), *Blănari* („Kürschner") und *Kovaci* („Schmiede") reihen sich kleine Läden und Werkstätten aneinander. Du findest alles, was es auch in Kaufhäusern gibt. Die Lipscani-Straße heißt so, weil hier vor rund 300 Jahren deutsche Importwaren verkauft wurden. Besonders reizvoll ist das Galerienparadies *Hanul cu Tei (Str. Blănari 5–7)*. Schwere schwarze schmiedeeiserne Türen und Fensterläden zieren die von Künstlern gestalteten Geschäfte in diesem Innenhof. Hier kaufen Maler ihre Staffeleien, Leinwände und Farben. In den Galerien wird zudem zeitgenössische rumänische Kunst angeboten und allerlei für die Wohnung. *d–e4*

REMBRANDT ART CENTRE

Das historische Zentrum rund ums Lipscani-Viertel ist voller teils wirklich guter Galerien. Im *Rembrandt Art Centre* gibt´s von Farben über Pinsel, Stifte und Leinwände alles für den Eigenbedarf zu kaufen. Bist du selbst Künstler? Dann deck dich hier ein und mal zu

Hause deinen Rumänien-Urlaub nach! *Mo–Fr 9–18.30, Sa 9–15 Uhr | Str. Lipscani 63–65 | artistique.ro | e4*

DOROBANȚI-MARKT

Die Adresse für betuchte Bukarester in der nördlichen Innenstadt, wo die Bauern mit zahlungskräftiger Kundschaft rechnen. In der modernen Markthalle ist das Angebot sehr reichhaltig und die Preise entsprechend nicht ganz niedrig. Schaut euch aber auch in der 1. Etage um: Dort gibt es kleine und günstigere Lebensmittelgeschäfte. In den Nebengassen liegen lauter Feinkostmärkte. *Calea Dorobanților/ Ecke Str. Radu Beller | 0*

INSIDER-TIPP
Treppe hoch für Rabatte

PARK LAKE MALL

Ein großes, modernes und durchaus geschmack- wie stilvolles Einkaufszentrum östlich der City. Hier kannst du shoppen, bummeln, ein Käffchen schlürfen und im Park nebenan spazieren gehen. Witzig: die riesige Skulptur eines liegenden Menschen. *Str. Liviu Rebreanu 4 | parklake.ro | 0*

AUSGEHEN & FEIERN

Starte deine Kneipentour im Lipscani-Viertel, zwischen den Straßen Smârdan, Lipscani, Selari und Covaci liegen originelle Cafés und Bars. Besonders schön ist die historische Passage *Pasajul Macca-Villacrosse,* die sich hufeisenförmig durchs Viertel zieht. Die hohen, farbigen Decken, die hübschen Fassaden und die vielen Cafés und Restaurants machen den schmalen Durchgang zum echten Erlebnis – egal, ob ihr euch hier irgendwo reinsetzt oder einfach nur durchschlendert.

ATHENÄUM (ATENEUL ROMÂN)

Das Konzerthaus im neoklassizistischen Rundbau bietet Konzerte der rumänischen Staatsphilharmonie aus dem gängigen Klassikrepertoire. Gelegentlich gastieren auch Orchester und Solisten aus dem Ausland. *Karten nur an der Kasse von 12–19 Uhr | Str. Benjamin Franklin | fge.org.ro | d2*

GREEN HOURS JAZZ CAFÉ

In dem Kleinkunstkeller gibt es fast jeden Abend Vorstellungen, meistens Jazzkonzerte. *Tgl. 9–1 Uhr | Calea Victoriei 120 | Tel. 0788 45 24 85 | greenhours.ro | c2*

TRUE CLUB

Keine Schickimicki-Szene mit Gesichtskontrolle und überhöhten Preisen, sondern sympathische Atmosphäre mit fast täglicher Livemusik und Party bis in die Morgenstunden. Tolle Lage im Lipscani-Viertel. *Do–Sa 18–5, So, Di 18–2, Mi 18–4 Uhr | Str. Covaci 19 | trueclub.ro | e4*

RUND UM BUKAREST

1 MOGOŞOAIA-PALAST ★

39 km/50 min von Bukarest (Auto)

Das Schloss von 1702 gilt als reinstes Beispiel für den Brâncoveanu-Stil. Typisch ist der dreimal geschwungene

Arkadenbogen an Aufgängen und Terrassen, ähnlich einem Kleeblatt. Fürst Constantin Brâncoveanu ließ das Schloss am idyllischen Mogoşoaia-See bauen. Im Schlosspark liegen Teile des in der kommunistischen Zeit abgerissenen Văcărești-Klosters. Von April bis Juni kannst du im Garten der Prinzessin Martha Bibescu die wunderschönen Schwertlilien bewundern. 🕮 J6

2 SNAGOV

39 km/50 min von Bukarest (Auto)

Auf der Klosterinsel im Snagov-See wurde angeblich Draculas Vorbild, der walachische Fürst Vlad Ţepeş, begraben. Fest steht, dass Ţepeş die Befestigungsanlage für das Kloster aus dem 15. Jh. errichten ließ. Lange diente das Kloster auch als Gefängnis für politische Häftlinge unterschiedlicher Regime. Sehenswert ist in der Kirche das größte zusammenhängende Bibelszenenfresko Rumäniens. 🕮 J6

Fürstliche Ruinen in Târgovişte

TÂRGOVIŞTE

(🕮 H5) **In der beschaulichen Kleinstadt (79 600 Ew.) in den Hügeln am Fuß der Karpaten hielt Fürst Vlad Ţepeş („der Pfähler") einst Hof.** Vom 14. bis 16. Jh. war sie Hauptstadt der Walachei. Vom alten Fürstenpalast sind im Zentrum romantische Ruinen zu sehen. In der Militärgarnison *(rechts neben dem Bahnhofshaupteingang)* wurden Nicolae und Elena Ceauşescu am 25. Dezember 1989 hingerichtet. Schau die Garnison von außen an, aber lass dein Smartphone stecken – Fotografieren verboten! Der Ort ist ein guter Ausgangspunkt für Ausflüge zu den Klöstern Horezu und Curtea de Argeş und zum Brâncuşi-Skulpturenpark in Târgu Jiu.

SIGHTSEEING

ALTER FÜRSTENPALAST (COMPLEXUL MUZEISTIC CURTEA DOMNEASCĂ)

Klettre nach Herzenslust auf den Ruinen des Palasts herum und studier dabei die verschiedenen Bauphasen vom 14. bis 18 Jh. Zum Museumskomplex gehören der Alte Fürstenpalast, die Fürstenkirche *(Biserica Domnească)* und das Buchdruckmuseum. Dominant am Fürstenpalast ist der alte zylindrische Wachturm *(Turnul Chindiei)*, von dem aus die Wächter bei Sonnenuntergang das Schließen der Stadttore verkündeten. Die aus roten Ziegeln gebaute Fürstenkirche (16. Jh.) steht für die Architektur der Vor-Brâncoveanu-Zeit. Sie hat schlichte Rundbögen, aber noch fehlen die typischen reichen orientalischen Ornamente. *Di–So 9–18 Uhr | Str. Justiției 3–5 | 3 h*

KLOSTER STELEA

Der Stilmix dieser Klosterkirche von 1645 überrascht. Innen glänzt eine prächtige Ikonostase im Brâncoveanu-Stil. Doch Grundstruktur und weiße Außenfassade sind älter – Modell stand die Kirche der Drei Hierarchen in Iaşi. *Str. Stelea 4 | 1 h*

KLOSTER DEALUL

Die schick auf einem Hügel am nordöstlichen Stadtrand gelegene Klosterkirche (16. Jh.) mit zwei Türmen ist im byzantinischen Stil gehalten. Schlichte Blendarkaden in zwei Etagen schmücken die Außenfassade aus weißem Stein. Hier liegt unter einer Marmorplatte mit Bronzekrone der Kopf des Fürsten Michael der Tapfere begraben, der 1600 erstmals alle drei rumänischen Fürstentümer – Walachei, Moldau und Siebenbürgen – vereinigte. *3 km außerhalb, Ausfahrt Str. Mihai Bravu | 1 h*

ESSEN & TRINKEN

TERASA CASA VECHE

Ein gastronomischer Glanzpunkt mitten drin im Zentrum der alten Fürstenstadt. Die Speisekarte strotzt vor frisch zubereiteten rumänischen Klassikern, die Bedienung ist auf zack und die Terrasse ist wirklich wunderschön gestaltet. Dabei nicht zu teuer. *Str. Alexandru Ioan Cuza 30 | Tel. 0788 33 32 33 | casavechetargoviste.ro | €€*

RUND UM TÂRGOVIŞTE

3 GOLEŞTI

60 km/1 h von Târgovişte (Auto)

Eins der ältesten Herrenhäuser Rumäniens, früher im Besitz der aufgeklärten, liberalen Adelsfamilie Golescu. Bekanntester Spross war der Reiseschriftsteller Dinicu Golescu (1777–1830), der sich auch sozial engagierte. Er errichtete die erste Dorfschule Rumäniens (1826), die man besichtigen kann. Im Haus sind die zwei Welten zu sehen, in denen Rumäniens Adel damals lebte: westeuropäisches Mobiliar und orientalische Diwane. *Di–So 9–17 Uhr | H6*

4 CURTEA DE ARGEŞ ★

113 km/1 h 30 min von Târgovişte (Auto)

Hier liegen fast alle rumänischen Könige begraben, auch die Hohenzollernmonarchen. Der Ort war von 1369 bis 1418 die Hauptstadt der Walachei. Das 1521 gebaute Kloster in einem französisch gestutzten Park ist ein Paradebeispiel byzantinischer Baukunst aus der Vor-Brâncoveanu-Zeit. Kuriosität der Fürstenkirche sind zwei der vier Türme, deren Fenster nicht senkrecht stehen, sondern schräg. Der *Manole-Brunnen* von 1804 erinnert an den unglücklichen Baumeister des Klosters, der seine eigene Frau einmauern musste, um das Bauwerk zu vollenden. Schönes Ziel für einen Spaziergang ist die Kirchenruine *Sân Nicoară* (14. Jh.) auf einem Hügel im südlichen Teil von Curtea de Argeş. *G5*

5 TRANSFOGARASCHER HOCHSTRASSE ★

136 km/2 h von Târgovişte bis Trassenstart in Căpățânenii Ungureni (Auto)

Kurz hinter Curtea de Argeş beginnt diese legendäre Karpatenquerung, von der noch immer viele Geschichten erzählt werden. Besonders Biker ließen – und lassen heute noch – ihre Maschinen gern auf dieser Route aufheulen. Inzwischen ist die Bergstraße mit dem rumänischen Namen Transfăgărășan vollständig asphaltiert und für jeden geeignet, dem nicht gerade beim offenen Blick auf endlose Serpentinen ohne allzu große Absicherungen schwindlig wird. Über ca. 90 km geht's auf die 2042 m erreichende Passhöhe und dann wieder hinab. Fahr, wenn möglich, von Süden nach Norden. Unterwegs kommst du am *Bâlea-See* im gleichnamigen Naturschutzgebiet an einem Felsdurchbruch und einem Wasserfall vorbei. *G 4–5*

6 HOREZU ★

180 km/2 h 40 min von Târgovişte (Auto)

In den Ort am Fuß der Karpaten musst du kommen für die berühmte handgefertigte Keramik mit ganz eigenen charakteristischen Elfenbeingrundtönen und filigranen Mustern in diskreten Erdfarben. Typisches Motiv ist der Hahn – er prangt mitten auf Tellern und Schüsseln. Folg aus dem Zentrum den Wegweisern nach „Olari". An der Ortsausfahrtstraße reiht sich ein mit Keramik verziertes Haus an das nächste. Alle verkaufen ihre hübsche Ware. Jeden ersten Sonntag im Juni gibt es in Horezu auch einen Töpfermarkt mit Anbietern aus dem ganzen Land. Das gleichnamige Kloster aus dem 17. Jh. ist eins der schönsten Beispiele der Brâncoveanu-Baukunst und gehört zum Weltkulturerbe der Unesco. Umgeben von Festungsmauern mit einem großen Arkadeninnenhof steht es in der welligen, grünen Landschaft. *G5*

7 NATURRESERVAT TROVANTENMUSEUM COSTEŞTI

96 km/1 h 25 min von Târgovişte nach Costești (Auto)

Lass dich optisch täuschen! Die 15 Mio. Jahre alten Findlinge werden auch „wachsende Steine" genannt, weil man irrtümlich davon ausging, dass sie bei Regen in der löchrig wirkenden Struktur ihres Fogarascher Sandsteins Wasser aufnehmen und sich wie Lebewesen weiterentwickeln könnten. Der abgerundete, poröse Stein bildet z. T. kunstähnliche Formen, die dem in der Nähe lebenden Bildhauer Constantin Brâncuși Modell gestanden haben könnten. Einheimische schreiben den Steinen gar heilende Wirkung zu: Wer sie streichelt oder begießt, dem sollen sie Glück bringen. Einfach mal ausprobieren kostet nichts. *Frei zugänglich | südlich von Costeşti, östlich von Horezu*

Nach der windungsreichen Transfogarascher kommt der Blick am Bâlea-See endlich zur Ruhe

an der DN 67 zwischen Râmnicu Vâlcea und Târgu Jiu | *G5*

8 TRANSALPINA-HOCHSTRASSE

★ €

111 km/1 h 45 min von Târgovişte zum Ausgangspunkt in Novaci (Auto)

Und noch ein Abenteuer! Von Horezu aus sind es nach Westen ca. 37 km bis nach Novaci, von wo die Hochstraße *Transalpina (transalpina.biz)* über die Karpaten bis hinein nach Siebenbürgen führt. Die Route ist inzwischen voll asphaltiert, es geht aber mit all den Kurven, Serpentinen und Ausblicken noch immer ganz schön abenteuerlich zu. Die Römer legten den Weg durchs Gebirge an, König Carol II. von Rumänien ließ ihn pflastern. Den höchsten Punkt erreicht die Transalpina, die durch karge Gebirgslandschaft führt, beim *Urdele-Pass* auf 2145 m Höhe. Wenn du z. B. die Transfogarascher Hochstraße von Süden nach Norden fährst, kannst du auf dieser Route zurückkommen. Umgekehrt geht's natürlich auch. *F-G 4-5*

INSIDER-TIPP
Eine gute Portion Nervenkitzel

9 BRÂNCUŞI-PARK

250 km/3 h 40 min von Târgovişte (Auto)

Mach auf jeden Fall einen Abstecher zum *Brâncuşi-Skulpturenpark (tgl. Mai–Dez. 6–22, Jan.–April 7–20 Uhr | Calea Eroilor)* in Târgu Jiu. Drei monumentale Objekte des berühmten Bildhauers, der von hier stammte, stehen auf einer Achse im Abstand von mehreren Hundert Metern: das „Tor des Kusses", der „Tisch des Schweigens" sowie die „Unendliche Säule". Zwischen dem „Tor" und dem „Tisch" liegt die „Allee der Stühle". Mehr über diesen eigenwilligen Künstler erfährst du im kleinen *Museum (Di–So 9–17 Uhr)* im Park. *F5*

MOLDAU & BUKOWINA

KLOSTERHAFT SCHÖN

Stefan der Große (1457–1504) war eher klein von Wuchs und jähzornig. Sagen jedenfalls die Chroniken. Der berühmte moldauische Fürst hinterließ der Welt lauter Kostbarkeiten, die ganz eng mit seinem Kriegshandwerk verbunden waren: Nach jeder Schlacht gegen die Türken stiftete Stefan ein Kloster – 44 insgesamt. Wir sagen: danke!

Diese Wunderwerke der Farbenpracht stehen nun verstreut in den grünen Hügeln der Bukowina. Ihre leuchtenden Außenfresken sind

Wo der Blick ins Gold hinaufsteigt: Kloster Neamț in der Bukowina

Bilder von biblischen Szenen, die einst dem leseunkundigen Volk in diesem Landstrich als eine Art „Bibel der Armen" dienten.
Zum Gebet rufen Kirchenglocken, nicht selten aber auch das Stundenholz – eine meist frühabendliche Zeremonie, die du nicht verpassen solltest: Gegen 17, 18 Uhr wird in vielen Klöstern und kleinen Dorfkirchen Holz in so raffiniertem, ansteigendem Tempo auf Holz geschlagen, dass mancher Schlagzeuger einer Rockband neidisch werden könnte.

MOLDAU & BUKOWINA

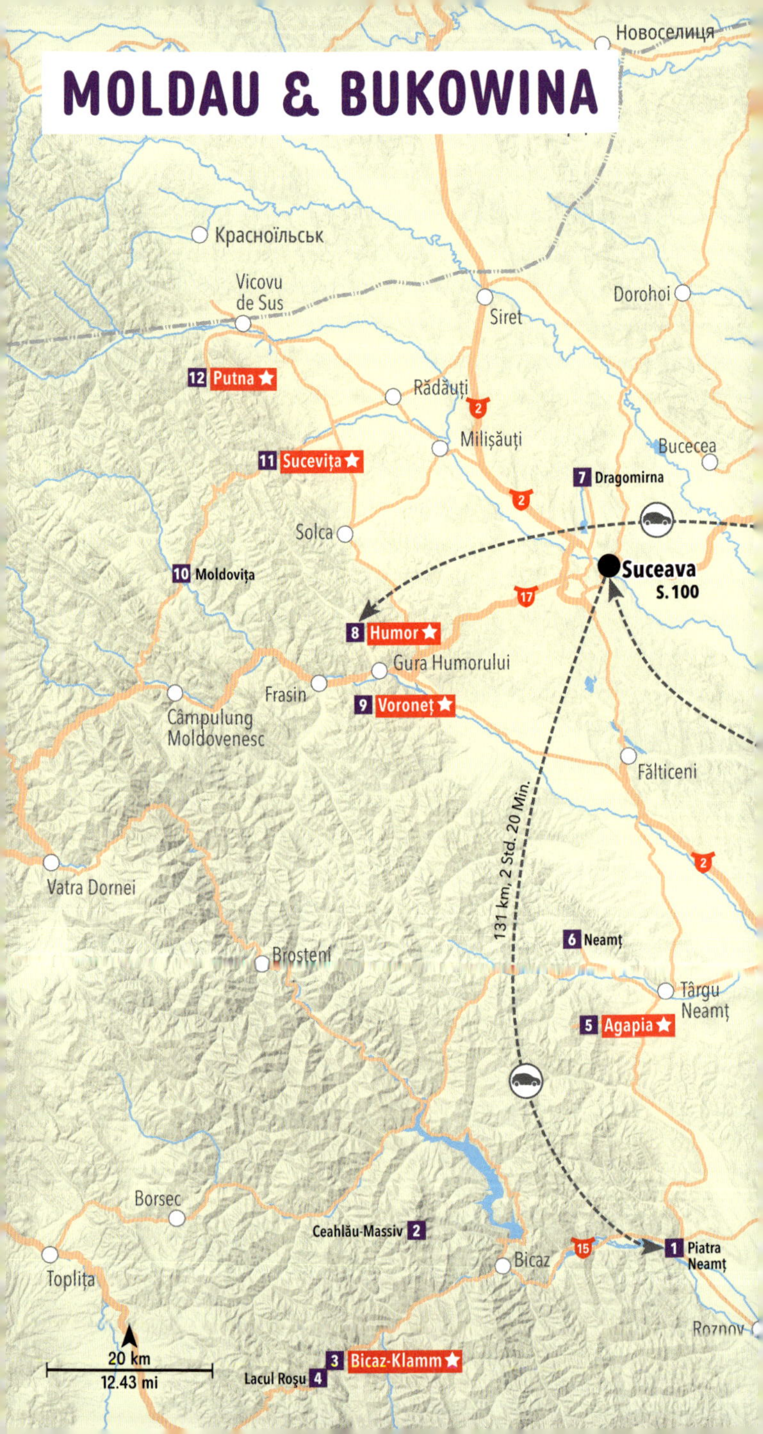

MARCO POLO HIGHLIGHTS

★ **KIRCHE DER DREI HIERARCHEN**
Gotik in ihrer vollendeten Form in Iaşi
➤ S. 97

★ **AGAPIA**
Hinter Klostermauern weben Nonnen schöne Teppiche für dich. ➤ S. 101

★ **BICAZ-KLAMM**
Beängstigend und faszinierend: die extrem enge Gebirgsschlucht ➤ S. 99

★ **HUMOR**
Von fern unscheinbar, aus der Nähe die reichsten Fresken der Region ➤ S. 102

★ **PUTNA**
Mit dieser Klosterstiftung feierte Fürst Stefan der Große seinen ersten Sieg über die Türken. ➤ S. 103

★ **SUCEVIŢA**
Gefährliche Künste: Der Klosterfassade fehlt bis heute ein Teil der Außenfresken, weil der Maler im 16. Jh. vom Gerüst gestürzt sein soll. ➤ S. 102

★ **VORONEŢ**
Die leuchtend blaue Wandfarbe begeistert und fasziniert Kunstfreunde und Besucher aus aller Welt. ➤ S. 102

IAŞI

(🕮 K2) **Altertümlichen, patriarchalischen Charme und gediegenes Geistesleben verströmt die Universitätsstadt mit fast 300 000 Einwohnern nahe der östlichen Landesgrenze.**

Hier ticken die Uhren langsam, Hektik ist unbekannt. Die wichtigsten Dichter und Denker, die im 19. Jh. Rumäniens Literatur erneuerten, etwa Mihai Eminescu, hatten hier ihre Debattierclubs.

Iaşi war auch ein bedeutendes Zentrum jüdischer Kultur mit 108 Bethäusern, dem die Nationalsozialisten ein Ende machten. 1941 war die Stadt Schauplatz des schlimmsten Pogroms Rumäniens: Deutsche und rumänische Soldaten trieben Tausende Juden im Hof der Polizeipräfektur zusammen und schossen in die Menge. Heute gehören zum geistigen und geografischen Zentrum das Studentenviertel am Copou-Hügel und die vielen Kirchen.

WOHIN ZUERST?

Piaţa Unirii: Der Platz mit den Parkflächen liegt mitten in der moldauischen Metropole. Vom Hauptbahnhof aus fahren die Straßenbahnlinien 3, 6 und 7 zur Piaţa Unirii. Von dort führt die Str. Ştefan cel Mare bis zum Kulturpalast vorbei an historischen Bauten wie dem Dosoftei-Haus und schönen Kirchen wie der Biserica Trei Ierarhi.

SIGHTSEEING

COPOU-HÜGEL

Es kostet schon etwas Puste, aber ganz zu Beginn deines Besuchs solltest du diesen Hügel auf dem Copou-Boulevard hinaufspazieren, um das richtige Gefühl für die gediegene Atmosphäre der Stadt zu bekommen. Es geht vorbei an der neoklassizistischen Universität, benannt nach Fürst Alexandru Ioan Cuza, an Parks, Studentenclubs und Literaturmuseen. *⏱ 2 h inkl. Auf- und Abstieg*

GROSSE SYNAGOGE (SINAGOGA MARE)

Das Gebäude von 1671 gilt als eine der schönsten Synagogen Rumäniens. Aber es verstört den Betrachter von außen durch seine merkwürdigen Proportionen. Auf relativ niedrigen Mauern liegt eine überdimensionale Dachkuppel. Der Innenraum der Großen Synagoge ist reich in leuchtendem Rot und Goldgelb sowie mit vergoldeten Holzschnitzereien dekoriert. *Str. Sinagogilor 7 | ⏱ 1 h*

METROPOLITEN-KATHEDRALE (CATEDRALA MITROPOLITANĂ)

Untypisch groß und hell ist dieser Bau aus dem 19. Jh., anders als die sonst kleinen, intimen orthodoxen Kirchen. Die wertvollen Innenfresken schuf der rumänische Meister Gheorghe Tătărascu. Mitte Oktober treffen sich hier Tausende Gläubige zur Feier der Heiligen Paraschiva. *Bd. Ştefan cel Mare | ⏱ 1 h*

Kleiner Mann, großes Erbe: 44 Klöster ließ König Stefan bauen. In Iași steht sein Denkmal

KIRCHE DER DREI HIERARCHEN (BISERICA TREI IERARHI) ★
Einzigartig sind die mit steinernen Reliefs verzierten Außenmauern der Kirche und die Portale mit gotischen Türrahmen. Daneben steht der sogenannte *Gotische Saal*. Das frühere Refektorium beschützt heute wertvolle Kirchenschätze. *So–Mo 9.30–12 u. 15–17, Sa nur 15–17 Uhr | Bd. Ştefan cel Mare | manastireasftreiierarhi.ro | 1 h*

DOSOFTEI-HAUS
Beeindruckend in seiner Schlichtheit ist der Profanbau des 17. Jhs. aus nackten Ziegeln mit Arkadengang. Metropolit Dosoftei ließ hier einst die erste Kirchenliturgie in rumänischer Sprache drucken. Heute ist es ein Museum für alte moldauische Literatur. *Di–So 10–17 Uhr | Panu Anastase 54*

BOTANISCHER GARTEN
Du liebst Chrysanthemen? Dann hast du keine Wahl – nichts wie hin in den ersten und größten botanischen Garten Rumäniens! Auf 100 ha bestaunt man 2000 Arten Bäume und Sträucher. Für Romantiker gibt's noch 600 Rosenarten im Rosarium obendrauf.
Wissenschaftlich besonders interessant ist die durch einen grünen Korridor geschaffene Verbindung zwischen der Abteilung „Waldsteppe" des Gartens zum nächstgelegenen Naturschutzgebiet, der *Valea lui David*, wo jahrhundertealte Wiesen seltene Pflanzen- und Tierarten bergen. Im Angebot sind Kutschfahrten zur Universität und zurück *(80 Lei)*, zum Kulturpalast und zurück *(300 Lei)*. *Tgl. 9–20, im Winterhalbjahr 9–17 Uhr | Eintritt 10 Lei | Str. Dumbrava Roşie 7 | botanica.uaic.ro | 2–3 h*

KLOSTER CETĂȚUIA

Das Festungskloster (17. Jh.) auf dem Miroslava-Hügel am südlichen Stadtrand wurde von Fürst Gheorghe Duca gestiftet. In der Kirche sind wertvolle Fresken zu sehen. *Str. Cetățuia 1 | ⏲ 1 h*

KLOSTER GALATA

Vom 1584 gebauten Kloster sind nur noch Ruinen der Mönchszellen und ein türkisches Bad übrig. Die Klosterkirche wurde 1847 wiederaufgebaut. Im Zweiten Weltkrieg diente das Kloster als Internierungslager für Kriegsgefangene beider Seiten. Die Rumänen nutzten es erst als Verbündete der Deutschen, ab 1944 als Alliierte der Sowjets. Die Gefangenen ritzten ihre Namen, heute noch sichtbar, in die Klostermauern. *Str. Mănăstirii 4 | galata.mmb.ro | ⏲ 1 h*

KULTURPALAST (PALATUL CULTURII)

Der gigantische neugotische Palast von 1907 ist der ganze Stolz der Bewohner von Iaşi und gibt gleich vier Museen ein Zuhause: je eins für Kunst, Geschichte, Technik und Volkskunde. *Di–So 10–17 Uhr | Piața Ştefan cel Mare şi Sfânt | palatulculturii.ro | ⏲ 2 h für eine Auswahl von 2 Museen*

ESSEN & TRINKEN

BOLTA RECE

Dies ist die Pflichtstation für jeden Fremden in Iaşi! Das rustikale Traditionshaus aus dem 18. Jh. hat einen 9 m tiefen Weinkeller mit köstlichen Tropfen. Dazu gibt es moldauische Speisen. *Tgl. 8–24 Uhr | Str. Rece 10 | Tel. 0232 21 22 55 | casaboltarece.ro | €€*

Wandern mit Schaudereffekt: Blut soll den *Lacul roşu* rot gefärbt haben. Wer's glaubt …

LA CONAC
Volkskünstler und Handwerker der Region schufen hier ein rustikales Ambiente. Es gibt rumänische Hausmannskost – *Großvaters und Großmutters Gerichte* sowie traditionell zubereitete Fischspeisen – und eine große Auswahl moldauischer Weine. Mit Kinderecke und -menü. *Tgl. 12–22, So bis 21 Uhr | Str. Nicolae Gane 27 | Tel. 0746 27 98 93 | laconac-traditie.ro | €€*

RUND UM IAŞI

Kilometermäßig liegen die folgenden Ziele zwar näher an Suceava, aber die Fahrtdauer von Iaşi ist deutlich kürzer.

1 PIATRA NEAMȚ

130 km/2 h von Iaşi (Auto)
Wie Phönix aus der Asche: Die Stadt (85 100 Ew.) wurde in den vergangenen Jahren quasi neu geboren: Die zerstörte historische Bausubstanz wurde rund um den Freiheitsplatz *Piața Libertății* wieder aufgebaut. Lass das einige Meter erhöht liegende Ensemble auf dich wirken und klettre mitten auf dem Platz auch in den Untergrund, wo Ausgrabungsstücke und alte Fotos gezeigt werden. Ganz versteckt liegt in direkter Nachbarschaft die kleine *Synagoge*. Der Ort hat aus welchem Grund auch immer einige der sympathischsten Cafés überhaupt. Und das auf kleinstem Raum. Ideal für eine Verschnaufpause sind das *Casablanca Caffe (Bulevardul Republicii 7 | Tel. 0232 21 32 14)* und das *Vintage Cafe & Tea (Piața 22 Decembrie 1 | Tel. 0746 48 26 62)* sowie auch und besonders zum Frühstücken das *Moft de Piatra Neamț (Str. Borzoghian 2D | Tel. 0748 26 76 78 | Facebook: Moftde piatraneamt)*. *J3*

INSIDER-TIPP
Und der Tag ist dein Freund

2 CEAHLĂU-MASSIV

190 km/3 h 15 min von Iaşi bis zum zentralen Wanderer-Parkplatz (Auto)
Einfach nur herrlich für Wintersport und zum Wandern: der 1907 m hohe „Olymp der Moldau" westlich des Bicaz-Stausees. Den zerklüfteten Felsen umkränzt Wald an seinem Fuß. *J3*

3 BICAZ-KLAMM ★

183 km/2 h 45 min von Iaşi (Auto)
Ein echtes Spektakel bietet die extrem enge Passstraße nahe dem gleichnamigen Städtchen. Die 10 km lange Klamm, im Volksmund auch „Höllenschlund" genannt, ist umschlossen von mehr als 100 m hohen Felswänden, stellenweise nachtdunkel und gerade einmal 6 m breit. Sportkletterer haben die Wände bereits entdeckt. Auf der Strecke preisen Verkäufer ihr Kunsthandwerk an. In der Nähe liegt der 30 km lange Bicaz-Stausee. An seinem Westufer im Hafen *Port Munteanu* kannst du Boote mieten. *J3*

4 LACUL ROŞU

189 km/3 h von Iaşi (Auto)
Der spektakuläre „Rote See" verdankt seinen Namen einer Naturkatastrophe. 1838 stürzte durch einen Erdrutsch ein bewachsener Steil-

Noch etwa 100 Mönche leben in Neamț, dem ältesten Kloster der Moldau

hang in den eher seichten See. Die Baumstümpfe, die aus dem Wasser ragen, verleihen dem Ganzen eine schauerliche Atmosphäre. Dazu passt das Gerücht, dass der Erdrutsch Wanderer mitgerissen haben soll, die den See mit ihrem Blut rot färbten. Heutige Wanderer lassen sich von der Legende aber nicht entmutigen. *J3*

SUCEAVA

(J2) **Hier hatte der legendäre Fürst Stefan der Große seine Hauptresidenz. Ganze 40 Kirchen besaß Suceava (92 100 Ew.) damals.**

Die kleine Hauptstadt der Bukowina schmiegt sich an ihre benachbarten Hügel. Sie ist idealer Ausgangspunkt für Ausflüge zu den spektakulärsten Bukowina-Klöstern, zumal sie auch einen kleinen Flughafen besitzt.

SIGHTSEEING

KLOSTER SFÂNTUL IOAN CEL NOU

Ein kostbarer Schrein mit den Reliquien des Johannes Novus, Schutzpatron der Bukowina, zieht die Blicke auf sich. Prachtstück ist der Verschluss aus vergoldetem Silber, auf dem das Martyrium des Heiligen dargestellt ist. Das Kloster aus dem 16. Jh. ist Sitz des

Metropoliten und des Erzbischofs. *Str. Ioan Vodă 2* | *1 h*

MIRĂUȚI-KIRCHE

Bemerkenswert untypisch, fast schon eher wie ein Märchenschloss, wirkt diese Kirche. Die verschiedenen Gebäudeteile verschachteln sich, werden gekrönt von mehreren spitzen Dächern mit bunt emaillierten Ziegeln. Man tritt durch ein schweres Rundgewölbe ein und findet sich in einem prachtvollen Dekor mit farbenfroher Ikonostase wieder. Mirăuți war die Krönungskirche aller moldauischen Fürsten. 1390 wurde sie von Fürst Petru Mușat gestiftet und im 17. Jh. nachgebaut. *Str. Mirăuți*

FÜRSTENBURG (CETATEA DE SCAUN)

Nur Ruinen sind von der Festung aus dem 14. Jh. übrig. Die aber haben es in sich: Gleich drei mannshohe Wehrmauern stehen feierlich und einsam in der Landschaft. Zum Stolz der Rumänen hielt sie 1476 den Truppen des türkischen Sultans Mehmed der Eroberer stand. *Mai–Aug. tgl. 9–22, sonst Di–So 10–20 Uhr* | *Eintritt 12 Lei* | *Parcul Cetății* | *muzeulbucovinei.ro* | *1 h*

ESSEN & TRINKEN

SONNENHOF HOTEL

Klingt nicht nur gut, ist es auch. Sehr hübsches, professionell geführtes, recht neues Vier-Sterne-Hotel mit exzellentem internationalen Restaurant. *Blvd. Sofia Vicoveanca 68* | *Tel. 0230 22 00 33* | *hotelsonnenhof.ro* | *€€*

RUND UM SUCEAVA

5 AGAPIA ★

94 km/1 h 40 min von Suceava (Auto)

Der blühende Nonnenklosterkomplex am Fluss Toplița besteht aus zwei Klöstern: *Agapia din Deal* („auf dem Berg", 16. Jh.) und *Agapia din Vale* („im Tal", 17 Jh.). Das Talkloster besitzt eine wertvolle Ikonensammlung, die Innenfresken der Kirche schuf der rumänische Meister Nicolae Grigorescu. 400 Nonnen betreiben Landwirtschaft und weben bunte Teppiche für Touristen. *J2*

6 NEAMȚ

100 km/1 h 45 min von Suceava (Auto)

Die Keramikverzierungen der Außenfassade machen dies Bauwerk einzigartig. Es ist das älteste und größte Kloster der Moldau (14. Jh.). Umschlossen von Festungsmauern, war es auch als Zufluchtsort für die Bevölkerung gedacht.

Früher war Neamț ein blühendes Zentrum zur Anfertigung von Schriften, Miniaturen, Stickereien, Silberschmiedearbeiten und Ikonenmalerei. Zeugnisse davon birgt das *Klostermuseum*. Heute wohnen rund hundert Mönche im Kloster. Du wirst jederzeit freundlich hereingelassen. *J2*

7 DRAGOMIRNA

15 km/25 min von Suceava (Auto)

Idylle und Strenge vereint diese Klosteranlage von 1609 auf einer grünen Wiese. Die ganz untypisch schlanke und hohe Kirche ist umgeben von einem quadratisch angeordneten Trakt mit den Zellen der Nonnen und von außen durch hohe Mauern befestigt. In der Schatzkammer sind kostbare Handschriften, Ikonen und Miniaturen, zum Teil Werke des Klostergründers Anastasie Crimca, zu betrachten. *J2*

8 HUMOR ★

15 km/25 min von Suceava (Auto)

Aus der Ferne wirst du denken: Das soll die berühmte Klosterkirche sein? Doch aus der Nähe zerstreuen sich alle deine Zweifel: Die Außenfresken leuchten rot, die Innenfresken sind die ältesten und reichsten der Region. Die traditionelle Pension *Casa Bunicolor (Mănăstirea Humorului | Tel. 0747 51 22 91 | casabunicilor.com | €€)* bietet Gelegenheit zum Angeln, Rad fahren und – im Winter – zum Rodeln. Zu der Anlage gehört ein Restaurant mit traditioneller Küche mit Zutaten aus der hauseigenen Produktion, z. B. Forellen und Geflügel aus der eigenen Zucht. *H2*

9 VORONEȚ ★

43 km/50 min von Suceava (Auto)

Mit den prächtigsten Fresken der Bukowina hat dieses Kloster die allgemeine Kunstgeschichte geprägt. Die blaue Farbe der Außenfresken ist als Voronețblau ein Begriff in der internationalen Fachsprache geworden, ähnlich dem Tizianrot. Auch die anderen Farben sind hier am intensivsten. Daher gilt Voroneț, ebenfalls eine Stiftung von Stefan dem Großen, als „Sixtinische Kapelle des Ostens". Gebaut wurde die Kirche 1488, die Fresken stammen von 1547. Das Fresko an der Westseite, eine Darstellung des Jüngsten Gerichts, war zur Zeit seiner Entstehung durchaus auch ein politisches Propagandawerk. Denn die Sünder in der Hölle sind als Türken dargestellt, darunter sogar Mohammed, der Prophet des Islam. Fürst Stefan und sein Sohn Petru Rareş verstanden sich als Verteidiger der Christenheit und zeigten dies, wo sie nur konnten. *H2*

10 MOLDOVIȚA

70 km/1 20 min von Suceava (Auto)

Charakteristisch für dieses befestigte Kloster aus dem Jahr 1532 ist die Dominanz der gelben Farbe auf den Fresken. Die Motive entsprechen wie in Humor einem Kanon: Außen ist die Belagerung Konstantinopels, im Eingangsportal das Jüngste Gericht dargestellt.

Im Altarraum wiederum ist das Bildnis des Klosterstifters, Fürst Petru Rareş, zu sehen. Sein kunstvoll geschnitzter Thron steht im *Klostermuseum (tgl. 10–18 Uhr)*, zusammen mit kostbaren alten Manuskripten, Stickereien und dekorativer Keramik. *H2*

11 SUCEVIȚA ★

54 km/1 h von Suceava (Auto)

Warum trägt die westliche Außenfassade bloß keine Fresken? Eine ungewöhnliche Lücke in der Gestaltung. Der Sage nach soll der Maler während der Arbeit vom Gerüst hinab in den Tod gestürzt sein. Und keiner seiner Gesellen soll gewagt haben, des Meisters Werk zu vollenden.

Sucevița (1581) gilt gemeinhin als das „Testament" der moldauischen sakralen Baukunst: Es ist das letzte Kloster, das während der Regierungszeit Fürst Stefans gebaut wurde. Bei seinen Außenfresken dominieren die Farben Grün und Rot. Im *Klostermuseum (tgl. 8–20 Uhr)* gibt es u. a. eine goldene Kapsel mit einem Haarbüschel des Stifters Ieremia Movila zu bewundern sowie seinen bestickten Sargdeckel. *manastireasucevita.ro.* *H2*

12 PUTNA ★

69 km/1 h 20 min von Suceava (Auto)

Dieses legendäre Kloster ließ Fürst Stefan der Große 1466 nach seinem ersten Sieg über die Türken bauen. Es wird erzählt, er habe sich nach der gewonnenen Schlacht auf einen Hügel gestellt und einen Pfeil abgeschossen. Dessen Landepunkt wurde der Baugrund für das Kloster Putna, das sich in eine kleine Senke kuschelt, umgeben von Tannenhainen. Hier wurde Fürst Stefan auch begraben.

Die Klosterkirche besitzt ausschließlich Innenfresken. Bemerkenswert sind auch die kunstvoll mit Goldfäden bestickten Vorhänge, die die Öffnungen der Ikonostase bedecken. Außen am Gebäude signalisieren barocke Arkaden die Spuren des Katholizismus, den die Habsburger dem Kloster im 16. und 17. Jh. aufzwangen. Heute leben in Putna etwa noch 60 Mönche. Sie betreiben Landwirtschaft und malen Ikonen. Im *Klostermuseum (tgl. 10–16 Uhr)* gibt es Miniaturen, alte Bibeln, Stickereien und Gewänder zu sehen. *H1*

Bildergeschichten: Szenen aus dem Leben Christi am Nonnenkloster Moldovița

SCHWARZES MEER & DONAUDELTA

ZWISCHEN BADEFREUDEN & WILDNIS

Sonne, Wellen, Strand und eine unfassbar schöne Natur sind die Attraktionen der 245 km langen Schwarzmeerküste Rumäniens. Im Süden liegt das quirlige Badegebiet, im Norden die im wahrsten Sinn einzigartige Natur des Donaudeltas.

An der Ferienküste, von der Hafenstadt Constanța rund 50 km südlich bis zur bulgarischen Grenze, verbringen die meisten Rumänen ihren Badeurlaub in kleinen Kurorten – hier ist's oft überlaufen und laut, auch wenn's schöne Ecken gibt. Das ★ Donaudelta hingegen ist der Anlauf-

Hoch mit Euch, Leute, da vorn gibt's Fisch! Pelikane im Donaudelta

punkt schlechthin für Naturliebhaber und Abenteurer. Bei Tulcea teilt sich die Donau in drei Hauptarme: *Chilia*, *Sulina* und *Sfântu Gheorghe*. Dazwischen liegt ein Labyrinth aus Kanälen, Seen, Sümpfen, Schilfdickicht und Wäldern. 80 Prozent des Deltagebiets von 4500 km² besteht aus Wasser. Auf 100 000 schwimmenden Schilfinseln hausen Europas einzige Pelikane, dazu Wildschweine, Füchse, Bisamratten, Reiher und Kormorane – insgesamt 1688 Pflanzen- und 3864 Tierarten, mit denen sich gerade mal 14 500 Menschen dieses Paradies teilen.

SCHWARZES MEER & DONAUDELTA

MARCO POLO HIGHLIGHTS

★ **KASINO**
Der frühere Spielertempel am Hafen von Constanța ist nur von außen zu bewundern – trotzdem schön! ➤ S. 118

★ **RÖMISCHES MOSAIK**
Ein kunstvoller, gewaltiger Bodenbelag, den die alten Römer in Constanța zurückließen ➤ S. 116

★ **HISTRIA**
Griechische Ruinen einer in der Antike blühenden Stadt am Lagunensee ➤ S. 116

★ **DONAUDELTA**
Zwischen drei Flussarmen breitet sich eine verwunschene, geschützte Wasserwelt aus. ➤ S. 104

★ **JURILOVCA**
In dem Dorf direkt an der Donaumündung leben die Lipowener noch genauso wie vor 300 Jahren, als sie aus Russland kamen. ➤ S. 110

MOLDOVA
4 Chilia Veche
Periprava 5
Isaccea
22
6 Mila 23
Donaudelta
Tulcea
S. 108
7 Crişan
Sulina
9 Uzlina
8 Caraorman
Strand von Sfântu Gheorghe
Sfântu Gheorghe 10
1 Babadag
132 km, 1 Std. 40 Min.
2 Jurilovca
22
3 Gura Portiţei
14 Sinoe-See
15 Histria
Marea Neagră
13 Strand von Vadu
Vadu
128 km, 1 Std. 40 Min.
Corbu 13
Strand von Corbu
Năvodari 12
Mamaia
S. 113
60 km, 55 Min.
11
Kasino (Cazino)
Ovid-Insel
Römisches Mosaik (Edificiul roman cu mozaic)
18 Murfatlar
A4
A2
Constanţa
S. 116
Agigea 16
Techirghiol
Eforie Nord
Eforie Sud
17 Costineşti
Strand von 23 August
23 August 19
Strand von Neptun
Neptun
S. 121
Herghelia Mangalia
20
22 Albeşti
Mangalia
S. 123
Vama Veche 21
20 km
12.43 mi

TULCEA

(📖 L5) **Dies ist das Tor zum Naturparadies Donaudelta, die meisten Touren starten in Tulcea (73 700 Ew.). Die eher unattraktive Hafenstadt blickt auf eine antike Vergangenheit zurück.**

Im 8. Jh. v. Chr. kamen die Griechen hierher und nannten sie *Aegyssus*. Heute ist sie der Ausgangspunkt für Ausflüge und Touren ins Donaudelta; von hier gibt es viele Schiffsverbindungen. Die Stadt selbst ist multikulturell. Sehenswert sind die *Azizzie-Moschee (Str. Independenței/Ecke Str. 14 Noiembrie)* von 1863, das *Naturwissenschaftliche Museum des Donaudeltas (Di–So 9–17 Uhr | Str. Progresului 32)*, der *Israelitische Tempel* und der *Jüdische Friedhof (beides nur mit Anmeldung bei der Jüdischen Gemeinde Tulcea | Vorsitzender Solomon Faimblat | Tel. 0240 51 25 45 | comunitate_tulcea@yahoo.com)*. Wirf auch einen Blick auf die Promenade. Sie ist zwar ziemlich grau in grau, aber von dort fahren viele Boote ab.

ESSEN & TRINKEN

HOTEL DELTA

Komfortables Haus mit gutem Restaurant direkt am Hafen. Man organisiert auch Tagestouren ins Delta mit zwei eigenen Schiffen. *Str. Isaccei 2 | Tel. 0240 51 47 20 | hoteldelta.eu | €*

SPORT & SPASS

DELTATOUREN

Auf der Website des *Donaudelta-Biosphärenreservats (ddbra.ro/en)* gibt es

Pflichtprogramm: Eine Bootstour durch die verwunschenen Wasserwege des Donaudeltas

außer Karten und Tipps für Touren auch viele Infos zu den Regeln, die Besucher im Naturschutzgebiet zu beachten haben. Ein Büro des DDBRA *(Str. Portului 34a | Tel. 0800 82 72 33)* liegt am Hafen.

Foto-Bootstouren bietet *Chettusia Tour* unter dem Motto „Wild about wild" an. Im April und Mai kannst du den Vogelzug und die meisten der im Delta heimischen Vogelarten sehen. Dazu blühen die Seerosen. Die meisten Pelikane sind im Juli und August im Donaudelta, im September findet der Herbstzug statt. Dann beziehen Schwarzstörche und Reiher hier Winterquartier. Unter *chettusia.com* findest du lauter verschiedene Angebote, alles auch auf Englisch. Eine Tagestour ab Tulcea dauert etwa 7 Stunden und kostet 40 Euro/Person. Mehrtägige Touren für Vogelfreunde, für Fotografen, aber auch für ganz normale interessierte Touristen starten schon am Flughafen *Henri Coandă* in Bukarest (Transfer nach Tulcea) oder ab Tulcea und zurück.

Eine andere Tour führt dich zu mehreren Fischerdorfern, Kostenpunkt 80 Euro pro Person. Im Preis inbegriffen sind: Transport, Übernachtungen, Vollpension, Gebühren, Führung. Reservierungen und Auskünfte: *Mihai Baciu | Tel. 0744 22 48 97 | chettusia.com*

Führungen mit Fieldguides und Vogelkundlern in Englisch, Französisch und Italienisch in gut ausgestatteten Booten bietet auch *Discover Danube Delta (Preise variieren nach Anzahl der Gäste | Tel. 0763 86 94 00 | discoverdanubedelta.com).* Ihr könnt dort aber auch Paddelboote nur für euch („private trip") mieten. Weitere Angebote zu Birdwatching, Fotopirsch, Kanufahrten und Angeln findest du unter *ecoturismdelta.ro* und *tioc-reisen.ro.*

KREUZFAHRTEN

Wenn du's lieber mal mit Gemütlichkeit probieren willst, dann ist eine Kreuzfahrt das richtige für dich. *Tioc Natur- und Studienreisen (Tel. 0369 56 17 78 | tioc-reisen.ro)* bietet geführte Touren im Donaudelta mit Übernachtung und Verpflegung auf Hausbooten oder in Fischerpensionen sowie Rad- und Kanutouren an.

Kreuzfahrten starten auch ab Brăila und Galați. Das Schiff *Ovidiu* verfügt über 110 Plätze und fährt von Brăila zur Brăila-Insel und durch den Măcin-Kanal. 11 Stunden braucht das *Kaptan M-Schiff (150 Plätze | Preise variieren nach Anzahl der Gäste | Tel. 0722 76 76 72 | Facebook: Kaptan-M)* von Galați bis Tulcea. Von dort geht es weiter nach Crișan oder Sulina, wo die Donau ins Schwarze Meer mündet.

RUND UM TULCEA

1 BABADAG

36 km/35 min von Tulcea (Auto)

Seien wir ehrlich: Das Dorf (9000 Ew.) mit türkischer Vergangenheit ist nicht gerade sehr hübsch. Aber schau trotzdem im Zentrum bei der großen *Moschee (Str. Geamiei 1)* aus dem 14. Jh.

So bunt wie ihre Kirchen sind auch die Trachten: Die *lipoveni* leben seit 300 Jahren im Delta

vorbei. Der freundliche Imam schließt auch schon mal selbst auf und erklärt – zur Not mit Händen und Füßen – dem Gast die heilige Stätte. Und wo du schon einmal da bist, wirf auch noch einen Blick ins *Museum für Orientalische Kunst (Muzeul de Artă Orientală | Di–So 9–16 Uhr | Casa Panaghia)* in einer ehemaligen Koranschule. *L5*

2 JURILOVCA ★

56 km/50 min von Tulcea (Auto)

In dem Fischerdorf (2000 Ew.) aus dem 18. Jh. leben die *lipoveni (s. S. 111)* in ihren traditionellen Häusern. Außen sind die Katen mit Holz vertäfelt, innen bunt bemalt. Hinter nahezu jedem Haus steht ein Dampfbad, das mit glühenden Steinen beheizt wird. Die altrussisch-orthodoxe Kirche in Jurilovca stammt aus dem Jahr 1871. Eins der Lipovener-Häuser ist als *Museum (tgl. 9–17 Uhr)* eingerichtet. *L6*

Sehenswert sind außerdem die *Burg Orgame (Arganum)* am *Cap Doloman* *(L6)* und die *Bisericuța-Insel* *(M6)* im *Razelm-See*. Argamum liegt etwa 6 km von Jurilovca entfernt und ist die erste Ortschaft auf dem Gebiet Rumäniens, die in einer antiken Urkunde erwähnt wurde. Von der Burg sind nur Überreste erhalten. Die 360 m lange und 58 m breite *Bisericuța-Insel* ist Teil des Vogelreservats *Periteasca-Insula Bisericuței-Gura Portiței*. Hier liegen unter anderem die Nistplätze von Watvögeln und Brandgänsen. Die Insel ist zur einen Hälfte ein von Schilf bedecktes Felseneiland, die andere Hälfte nimmt ein 9 m hoher Kalksteinfelsen mit fast senkrechten Steilhängen ein. Bei archäologischen Grabungen wurden hier Spuren ei-

INSIDER-TIPP
Schräge Vögel auf kleiner Insel

ner griechischen Siedlung aus dem 5.–4. Jh. v. Chr. gefunden sowie Reste aus der Römerzeit.

3 GURA PORTIȚEI

Von Jurilovca (nur per Boot)

Der mit Abstand spektakulärste und dabei vermutlich ruhigste Badeort an der gesamten rumänischen Schwarzmeerküste; hier hörst du nachts nichts – nur den Wellenschlag. Auf der extrem schmalen Landzunge, die nur über Sandbänke und schwimmende Inseln mit dem Festland verbunden ist, gibt es ein Feriendorf. Unbedingt im Voraus buchen, spontane Besuche sind nicht möglich.

Erreichbar ist die Halbinsel mit dem Schiff ab Jurilovca. In dem Feriendorf *Eden (Sat de Vacanța | Tel. 0724 21 42 24 | guraportitei.ro)* kann man Wasserski laufen, Boote mieten und begleitete Deltaausflüge buchen. Zelten, Lagerfeuer und FKK sind verboten. *M6*

4 CHILIA VECHE

70 km von Tulcea (nur per Boot)

Der älteste Ort im Delta direkt an der Grenze zur Ukraine ist ein nur zu Wasser erreichbares Fischerdorf am Chilia-Arm. Daran grenzt nördlich das Naturschutzdreieck Roscoa-Buhaiova-Hrecisca mit drei großen Seen. Hier nisten Pelikane, Silberreiher und Kormorane. *M5*

5 PERIPRAVA

100 km von Tulcea (nur per Boot)

Auch dieser Ort am Chilia-Arm ist ein traditionelles *lipoveni*-Dorf. Unter den Kommunisten gab es hier ein berüchtigtes Straf- und Arbeitslager für politische Gefangene. Es brauchte kaum Zäune und Mauern, denn das Wasser schnitt jede Fluchtmöglichkeit ab. Heute ist Periprava vor allem der Himmel auf Erden für Birdwatcher, die hier die große Vielfalt der im Delta heimischen Vögel beobachten können. *M5*

VOM DON AN DIE DONAU

Sie leben in Jurilovca, Sfântu Gheorghe oder Periprava, nennen sich *lipoveni* und sprechen russisch. Die Männer tragen sehr lange, sorgfältig gekämmte Bärte in der Tradition ihrer Vorfahren. Die flohen vor 300 Jahren vor dem russischen Zaren Peter dem Großen ins Donaudelta. Der Zar verfolgte sie, weil sie sich gegen seine prowestlichen, antikirchlichen Reformen stellten und an ihrem alt-orthodoxen Glauben festhalten wollten. Die etwa 30 000 Nachfahren der Flüchtlinge im Delta tun das bis heute in ihren knallbunt bemalten Holzkirchen.

Lipoveni leitet sich ab von dem russischen Wort für Wald – *lipa*. Dort nämlich versteckten sich die Verfolgten vor dem Zaren Peter, bis sie schließlich ins Delta flohen. Die meisten von ihnen waren Fischer am Don und fühlten sich an der Schwarzmeerküste gleich heimisch.

6 MILA 23

40 km von Tulcea (nur per Boot)

Interessant in diesem Fischerdorf mitten im Sumpf nördlich des Sulina-Arms, das seinen Namen nach der 23. Flussmeile erhielt, ist die so genannte *cherhana*, die Sammelstelle für frisch gefangenen Fisch. Hier geben die Fischer aus der Umgebung ihre Beute ab und trinken anschließend in der Bar nebenan ein Glas auf ihren Fang. Der Ort ist ein guter Startpunkt für Touren zu den Pelikankolonien an den Seen *Matița*, *Leghianca Roşca* und zu den schwimmenden Inseln *Stipoc* und *Chilia*.

Der ehemalige Ruder-Olympiasieger Ivan Patzaichin betreibt hier in seinem Geburtsort gemeinsam mit Partnern ein *Ökotourismus-Zentrum (Tel. 0735 88 29 69 | ecoturism.ecodeltadunarii.ro)*, das Paddeltouren im traditionellen Boot der Lipowener, dem *canotca*, anbietet. Ausgestattet mit einem Audioguide kannst du beim Paddeln die Vogelstimmen identifizieren, dazu gibt es eine Broschüre mit nützlichen Infos. *M5*

7 CRIŞAN

70 km von Tulcea (nur per Boot)

Von diesem Dorf am Sulina-Arm, nur per Schiff erreichbar, startest du zu den Dschungelwäldern *Letea* und *Caraorman*. Hier gibt es ein Büro der *DDBRA (Di–Fr 10–16, Sa–So 10–14 Uhr | beim Hotel Lebăda)*. Ausflüge organisieren die Pensionen *Danube Delta Resort (Tel. 0240 53 20 10 | danube-delta-resort.ro)* und *Cuibul Cucului (Tel. 0736 68 95 67 | pensiuneacuibulcucului.ro | €€)*. *M5*

8 CARAORMAN

Von Crisan (nur per Boot)

Der streng geschützte Dschungel Caraorman liegt etwa in der Mitte zwischen den Donauarmen Sulina und Sfântu Gheorghe. Auf einer Sandbank hat sich hier ein nahezu undurchdringlicher Eichenwald mit dichtem Buschwerk gebildet, der bisweilen so dunkel ist, dass man das Tageslicht nicht sehen kann. Daher auch der türkische Name *caraorman*, er bedeutet „Schwarzer Wald". Lianen und viele andere Schlingpflanzen verleihen dem Wald seinen Dschungelcharakter. Seltene Vögel wie Seeadler leben im Schutzgebiet. Das Betreten des Caraorman-Walds ist nur in Begleitung eines Umweltagenten und zu Fuß auf einer vorbestimmten Route möglich! *Anmeldung im DDBRA-Büro in Tulcea oder Crişan.* *M5*

9 UZLINA

60 km von Murighiol (nur per Boot)

Dieser Ort am Sfântu-Gheorghe-Arm ist gänzlich von Wasser umgeben und beherbergt die wohl größte Wellnessoase im ganzen Donaudelta. Du erreichen ihn von Murighiol aus *(36 km südöstl. von Tulcea)* per Boot. Die Mitarbeiter des *Cormoran-Hotelkomplexes (100 Zi., 10 Ferienhäuser | Tel. 0744 65 63 72 | cormoran.ro | €€)* auf Uzlina holen die Gäste aus Murighiol ab. Mit Restaurant. Du kannst reiten, Räder ausleihen und natürlich Bootstouren machen. *M5*

10 SFÂNTU GHEORGHE

120 km von Tulcea (nur per Boot)

Am Ende des gleichnamigen Donauarms gelegen, ist dieses schon im

Die geschützte Natur des Donaudeltas hat Platz für Seeschwalben und 300 andere Vogelarten

14. Jh. erwähnte Fischerdorf ausschließlich auf dem Wasserweg zu erreichen. Hier mündet der Sfântu-Gheorghe-Arm der Donau ins Schwarze Meer, der 38 km lange, schöne Strand mit feinem Sand ist ein echter Geheimtipp. Auf der nahe gelegenen *Insel Sacalin* kannst du Vögel aller Art beobachten oder auf dem malerischen *Erenciuc-Kanal* paddeln. Sehenswert ist auch das *Erlenreservat*. Recht neu ist die Anlage *Green Village Resort (Tel. 0731 81 85 11 | greenvillage.ro | €€)*, die auch Bootsfahrten in wunderschöner Landschaft, Angelpartien und Fototouren sowie Birdwatching organisiert. *M5*

INSIDER-TIPP
Traumstrand am Ende der Welt

MAMAIA

(L6) **Die „Perle der rumänischen Schwarzmeerküste" ist ein traditioneller, insbesondere bei Rumänen beliebter Familienbadeort und erstreckt sich über eine ca. 8 km lange, schmale Landzunge zwischen dem Schwarzen Meer und dem Siutghiol-See.**

Besonders mit Kindern seid hier auf dem seicht abfallenden, bis zu 250 m breiten Strand auf der Landzunge gut aufgehoben. Mehr als 60 Hotels drängen sich dicht an dicht an dem schmalen Streifen, viele von ihnen mit all-inclusive Service.

Das öffentliche Verkehrsmittel in Mamaia ist eine *Schwebebahn*, die bis zu

1500 Personen pro Stunde bis zu 50 m über dem Meer transportiert. Steigt ein beim *Hotel Perla* nahe dem AquaMagic-Strandbad an der Ausfahrt von Constanța nach Mamaia oder mitten im Badeort beim *Kasino*. Es gibt auch Doppeldeckerbusse *(Juli–Mitte Sept. | Start/Ziel Bahnhof Constanța bzw. Hotel Caraiman in Mamaia)* für Citytouren durch Mamaia und Constanța. Der *Markt der Kunsthandwerker* mit mehr als 300 Ausstellern aus ganz Rumänien wird jedes Jahr eine Woche lang im August in Mamaia abgehalten.

ESSEN & TRINKEN

DON CORLEONE

Welches Essen serviert wird, versteht sich von selbst. Italienisch. Aber es kommt noch besser: Das ganze Lokal ist thematisch am Film „Der Pate" orientiert. Und mit einem der sehr leckeren Drinks in der Hand am späten Abend gehörst du dann definitiv schon zur Familie. *Tgl. 10–24 Uhr | Bulevardul Mamaia | Tel. 0755 20 42 54 | restaurantdoncorleone.ro | €€*

SPORT & SPASS

Mit Wasserski, Jetski, Paragliding, Windsurfen und weiteren Wassersportarten kannst du dich auf dem Siutghiol-See austoben.

AUSGEHEN & FEIERN

Du hast gar keine Kinder? Keine Sorge, auch fürs Clubbing bist du genau richtig gelandet. Hier ist abends Partytime. Die beliebtesten Clubs sind *Ku-*

Im Seebad Mamaia darfst du auch die Schattenseiten des Strandlebens genießen

dos Beach (FB: kudos.beach.club) im Norden des Orts, wo an jedem Wochenende DJs aus Rumänien und dem Ausland elektronische Musik auflegen, und der *Tan Tan Summerclub (Bd. Mamaia | tantanclub.ro)* nahe dem Kasino. Kostenlose Unterhaltung bieten in der Sommersaison die *Ballett- und Operettenvorstellungen* – open air vor dem Kasino *(21 Uhr | Termine an der Hotelrezeption)*

RUND UM MAMAIA

11 OVID-INSEL

Per Schiff von Mamaia

Reif für die Insel? Das überbordend grüne Kalksteineiland im Siutghiol-See („Milchsee") liegt nur 500 m vom Festland entfernt, steht aber unter Naturschutz. Hier soll der verbannte römische Dichter Ovid einige seiner Werke verfasst haben. Angeblich hat man ihn hier auch beigesetzt, aber Spuren dazu gibt es nicht. Im rustikalen *Inselrestaurant* bekommst du leckere Fischgerichte aufgetischt. Das Touristenschiff *Ovidius (zwischen 11.30 und 20 Uhr alle 2 Std. | mit bordeigenem Restaurant und Terrasse)* pendelt vom Anleger gegenüber dem Kasino in Mamaia regelmäßig hin und zurück. *Insula Ovidiu | Tel. 0241 25 34 94 |* *L7*

12 NĂVODARI

15 km/25 min von Mamaia (Auto)

Das ehemalige Fischerdorf der *Lipowener* am Südufer des Tasaul-Sees zwischen Schwarzem Meer und Siutghiol wuchs unter dem kommunistischen Regime zu einem Industriestädtchen heran. Außerdem war es ein beliebtes Ziel für Ferienaufenthalte von Kindern aus ganz Rumänien. Vor allem der Bau des nördlichen Armes des Donau-Schwarzmeer-Kanals (Poarta Alba–Midia Navodari) ließ die Zahl der Einwohner erheblich steigen, auf 33 000 aktuell. Der lange Jahre vernachlässigte Strandbereich ist inzwischen etwas für Urlauber, die Ruhe und Erholung suchen, wobei die touristische Infrastruktur bisher wenig entwickelt ist. Besuch auf jeden Fall den *Fischmarkt*, dessen Halle selbst wie ein riesiger Fisch aussieht. *L6*

13 CORBU & VADU

20 km/25 min von Mamaia nach Corbu (Auto)

Zu den Gemeinden *Corbu* und *Vadu* gehören die derzeit schönsten und wildesten Strände an der Schwarzmeerküste – ohne große Infrastruktur. Das Allerbeste: Hier an den traumhaften Stränden könnt ihr sogar euer Zelt aufbauen. Besorgt euch aber unbedingt einen Zulassungsschein *(permis de acces)* – zu erwerben am Automaten oder online unter *ddbra.ro.* *L6*

INSIDER-TIPP In der Wildnis schlafen

14 SINOE-SEE

28 km/35 min von Mamaia nach Vadu (Auto)

Dieser Süßwassersee bildet zusammen mit dem Razelm-See ein spektakuläres Lagunenensemble mit vielen Naturreservaten am südlichen Zipfel des Donaudeltas. Du kannst hier nach Lust und Laune angeln und zelten. Ein besonderes Erlebnis sind *Radtouren (Infos unter Tel. 0724 54 14 04 oder razim.sinoe@gmail.com)* auf dem felsigen Steilufer des Razelm-Sees oder an der einsamen Schwarzmeerküste entlang von Vadu bis Zătoane. *L6*

15 HISTRIA ★

40 km/40 min von Mamaia (Auto)

In diesem besonderen Freilichtmuseum liegen die Ruinen der ältesten griechischen Siedlung an der rumänischen Schwarzmeerküste. Zu sehen sind Konturen der Befestigungsmauern der Burg *Histria*, Überreste von Handelsgebäuden und Tempeln, Thermen und Wohnhäusern. Bereits 675 v. Chr. siedelten griechische See- und Kaufleute in dieser Bucht am Istria-See, der dicht am Meer liegt. Ihr Hafen blühte 1000 Jahre lang, verlandete aber im 7. Jh. n. Chr. und wurde verlassen. *Mai–Sept. tgl. 9–20, Okt.–April 9–17 Uhr. L6*

CONSTANȚA

(L6) **Von den Griechen gegründet, von den Römern erobert und unter Kaiser Konstantin I. nach seiner Schwester Constantiana benannt, ist die Stadt mit ihrem Flughafen und den fast 300 000 Einwohnern heute vor allem das Touristentor zu den Stränden der Schwarzmeerküste.**

Aber unterschätz die größte Hafenstadt Rumäniens auf keinen Fall – die Altstadt hat sich mit vielen Kneipen und Restaurants ganz schön gemausert und modernisiert, der Strand direkt unterhalb des höher gelegenen Zentrums ist in Ordnung, der Yachthafen in allerneuester Zeit richtig schick geworden mit schnieken Cafés direkt am Wasser. Und das etwas heruntergekommene Kasinogebäude erinnert immerhin an eine prachtvolle Vergangenheit. Wer das Meer sofort sehen möchte, macht einen Spaziergang zum Kai mit dem Kasino. Herausragend ist das römische Mosaik, das erst Mitte des 20. Jhs. ausgegraben wurde. Der aus Rom verbannte Dichter Ovid lebte und starb in Constanța.

WOHIN ZUERST?

Altstadt: Constanțas ältestes Viertel drängt sich zusammen mit dem alten Leuchtturm, dem Kasino und den Ruinen der römischen Thermen auf einem Felsvorsprung am Meer. Gebührenpflichtige Parkplätze gibt es im angrenzenden Touristenhafen, von dem Treppen hinauf in die Altstadt führen. Vom Bahnhof oder Flughafen aus nimmst du am besten ein Taxi.

SIGHTSEEING

RÖMISCHES MOSAIK (EDIFICIUL ROMAN CU MOZAIC) ★

Zugegeben: Von außen sieht das Gebäude mitten im Zentrum ungefähr so spannend aus wie ein alter Geräteschuppen. Aber es hat es in sich – und zwar ein gewaltiges, 700 m² großes

römisches Mosaik aus dem 3. Jh., entdeckt im Jahr 1959 – das größte seiner Art überhaupt. Auf Stegen gehst du erhöht einmal drumherum und kannst auch an ein, zwei Stellen hinuntersteigen. Historisch äußerst faszinierend, aber nicht enttäuscht sein: Das war's dann auch fast schon. Denn dies ist nur eine Außenstelle des *Museums für Geschichte und Archäologie* schräg gegenüber. In höchstens einer halben Stunde hast du hier alles gesehen. *Mai–Sept. tgl. 9–20, Okt.–April Mi–So 9–17 Uhr | Eintritt 10 Lei | Piața Ovidiu 12 | minac.ro | 30 min*

RÖMISCHE THERMEN

150 m südöstlich vom Römischen Mosaik wurden rund 300 m² der einstigen öffentlichen Bäder der antiken Stadt Tomis freigelegt. Die archäologische Schutzzone umfasst ca. 100 ha. Schau einmal genau hin: Die Thermen verfügten über ein eigenes Heizsystem *(hypocaustum)*. *30 min*

ALTER LEUCHTTURM (CAROL I.)

Der Name ist ein wenig irreführend, denn der „alte" Leuchtturm ist eigentlich der sogenannte Genueser Leuchtturm *(s. u.)*. 21,75 m ragt der junge alte *Carol I.* über die See hinaus. An der Südseite prangt ein Relief mit dem Bildnis des rumänischen Königs Carol I., die Nordseite ziert der römische Kaiser Trajan. *Constanța Cruise Terminal , südöstlich vom Kasino*

GRIECHISCHES RUINENFELD

Direkt am Meer, in der kleinen Grünanlage ein paar Schritte westlich des Kasinos, liegen die Fundamentreste

Opulent & traurig: Constanțas wunderschönes neobarockes Kasino steht nach wie vor leer

einer griechischen Siedlung aus dem 4. und 6. Jh. *Bd. Regina Elisabeta* | 30 *min*

KASINO (CAZINO) ★

Das Gründerzeitkasino an der Hafenpromenade ist Constanțas Wahrzeichen. Der rumänische Architekt Daniel Renard baute es 1907–1910 in französischem Neobarockstil. 1985 wurde es restauriert – umsonst, schon seit Jahren ist das Haus geschlossen und niemand verliert hier mehr stilvoll sein Geld. Aber die Hoffnung stirbt zuletzt – immer wieder gibt es ambitionierte Rettungsinitiativen.

GENUESER LEUCHTTURM (FARUL GENOVEZ)

Ursprünglich um 1300 errichtet, verfiel der Leuchtturm während der Türkenkriege und wurde erst im 19. Jh. im Zuge der Hafenmodernisierung erneuert. Der Name des 8 m hohen Turms erinnert an die Genueser Händler, die zur Bauzeit im 13. und 14. Jh. in der Stadt lebten. Im Jahr 1913 machte der Letzte das Licht aus im Leuchtturm, weil der neue Leuchtturm „Carol I." übernahm. *Bd. Elisabeta*

TOMIS-HAFEN (PORTUL TURISTIC TOMIS)

Kein Kulturprogramm, sondern einfach nur schön: Der alte Hafen, mal *Portul Turistic*, mal *Portul Tomis* genannt, direkt unterhalb der Stadt wurde schick erneuert. Unmittelbar am Hafenbecken gehst du gut 200 m an den tollen Terrassen der Seefood-Lokale vorbei – ein Spießrutenlauf der angenehmen Art! *1 h*

MACHMUDIJA-MOSCHEE

Auf geht's! Das 50 m hohe Minarett hinauf schlängelt sich eine enge Wendeltreppe mit 140 Stufen. Von der Spitze wandert dein Blick bis weit übers Schwarze Meer. Rumänische Architekten bauten die Moschee 1910 in einem einzigartigen ägyptisch-byzantinischen Stil, der auch rumänische Elemente erkennen lässt. Sie war ein Geschenk des rumänischen Königs an die muslimische Gemeinde und heißt eigentlich Carol-I.-Moschee. Das prächtige Tor ist aus schwarzem italienischen Marmor. *Str. Crângului 1 | südl. der Piața Ovidiu | 1 h*

INSIDER-TIPP
Minarett mit Seeblick

GROSSE SYNAGOGE

Die von Aschkenasim 1914 gebaute Große Synagoge steht unter Denkmalschutz, ist aber baufällig. Die jüdische Gemeinde – 1939 zählte sie 2000 Mitglieder, heute nur noch 50 – bemüht sich, diesen letzten Teil jüdischer Kultur in Constanța zu retten, nachdem die Kommunisten 1981 die sephardische Synagoge abreißen ließen. *Nur von außen zu besichtigen | Str. C. A. Rosetti 2*

VOLKSKUNSTMUSEUM (MUZEUL DE ARTĂ POPULARĂ)

Interessant ist das Gebäude: Maurischer Stil mischt sich mit altrumänischen Elementen. Ausgestellt ist Volkskunst: Trachten, Keramik, Teppiche. *Tgl. 9–17 Uhr | Bd. Tomis 32*

KUNSTMUSEUM

Rumänische Kunst des 19. und 20. Jhs. birgt der am Meer gelegene Museumsbau von 1961. Rund 1500 Kunstwerke sind in der ständigen Ausstellung zu sehen. *Mi–So 10–18, im Winter Mi–So 9–17 Uhr | Eintritt 10 Lei | Bd. Tomis 82–84 | muzeuldeartaconstanta.ro | 2 h*

RÖMISCHE STADTMAUER

Ruinen einer Mauer aus dem 3. Jh. und eines Turms (6. Jh.) zeugen im *Archäologischen Park (Parcul Arheologic)* nördlich der Altstadt von römischer Besiedlung. *Zugänge Bd. Ferdinand und Bd. Tomis | 30 min*

SEEFAHRTMUSEUM (MUZEUL MARINEI ROMÂNE)

Alte Navigationsinstrumente, Uniformen, Schiffsmodelle, Gemälde, alte Anker und Hafengerätschaften illustrieren die Geschichte der rumänischen Seefahrt. Das Museum kommt gut an: Alles wird sehr ansprechend präsentiert, auch auf Englisch. *Mi–So 9–16.15 Uhr | Str. Traian 53 | 1–2 h*

ESSEN & TRINKEN

BACARO PORT

Du magst ein tolles Panorama und exzellentes Essen? Das trifft sich gut. Das wahrscheinlich beste Fischlokal im Tomis-Hafen, direkt am Wasser. Probier unbedingt die Muscheln *Marinara. Tgl. 10–24 Uhr | Str. Marinei | Tel. 0743 183990 | Facebook: Bacaro-Port | €€*

CRAZY CAFE

Auch wenn du keinen Trost brauchst: das *comfort food* hier willst du probieren. Tolles kreatives Design, trotzdem gemütlich, lecker, nahe zum Strand *Plaja Modern.* Noch Fragen? *So–Do 9–24, Fr 9–2, Sa 10–2 Uhr | Bd. Mircea cel Bătrân 97 a | Tel. 0726 77 92 92 | €€*

MARCO POLO

Keine Verwandtschaft mit diesem Reiseführer. Aber gute italienische Küche. Unbedingt probieren: das frisch zubereitete Beefsteak-Tatar. *Str. Sarmisegetuza 2 | Tel. 0241 61 73 57 | Facebook: Marco Polo Constanta | €€*

NIKOS GREEK TAVERNA

Es ist der Grieche, der nie schläft: geöffnet rund um die Uhr. Es wird meist schnell serviert. Entspannte Atmosphäre in der Altstadt. *Bulevardul Tomis 44 | Tel. 0726 84 76 03 | nikosgreektaverna.ro | €€*

SPORT & SPASS

STADTSTRAND

Die etwa 10 ha große *Plaja Modern* war etwas schmuddelig, ist aber definitiv besser geworden. Allerdings im Sommer sehr voll. *Nördl. des Touristenhafens Tomis, parallel zum Bd. Mihai Eminescu, Zugang am Ende der Str. Ştefan cel Mare*

AUSGEHEN & FEIERN

MANAROLA RESTAURANT & COCKTAIL BAR

Hier sitzt es sich mit einem guten Cocktail noch immer gemütlich, wenn der Sonnenuntergang schon fast vergessen ist. Besonders gut: Fisch und Meeresfrüchte. *Tgl. 10–2 Uhr | Portul Tomis | Tel. 0722 100193 | Facebook: Manarola Restaurant Constanta*

ZIG ZAG PUB

Die Ausstattung der Bierstube wurde hauptsächlich aus Alteisen gefertigt, die Riesentheke ist von Drehstühlen umgeben. Und es gibt regelmäßig Livekonzerte. *Tgl. 9–24 Uhr | Str. Mircea cel Bătrân 4 | zigzagpub.ro*

RUND UM CONSTANŢA

16 AGIGEA

9 km/15 min von Constanța (Auto)

Beim Ort Agigea mündet der Donau-Schwarzmeer-Kanal ins Meer, jener Wasserweg, der weiter westlich über Rhein und Main die Nordsee bei Rotterdam mit dem Schwarzen Meer verbindet. Noch immer regeneriert sich die Gegend nach den Turbulenzen, die der Bau des Kanals dort mit sich brachte. 1949 hatten die Kommunisten mit dem Bau begonnen, mehr als 100 000 politische Häftlinge, Frauen und Männer, mussten hier zum Teil mit bloßen Händen arbeiten, viele starben unter den harten Bedingungen. Für diesen Kanal wurde mehr Erde ausgehoben als für den Suez- oder den Panamakanal. Am 26. Mai 1984 eröffnete der damalige Staatschef Nicolae Ceauşescu das zweifelhafte Bauwerk.

Am Strand von Agigea findest du zwei angesagte Fischlokale: *Pescăria lui Matei (Tel. 0752 23 06 91 | €€)* und *Golful Pescarilor (Tel. 0731*

Ja, es kann eng werden am Strand von Costineşti. Und laut. Dafür aber auch ziemlich lustig

40 40 41 | golfulpescarilor.ro | €–€€). Sehenswert sind auch die *Sanddünen* und der *Agigea-See*, ein botanisches und ornithologisches Schutzgebiet. *L6*

17 COSTINEŞTI

31 km/35 min von Constanța (Auto)

Genieß das pralle Leben dieses Studentenbadeorts, das im Juli und August noch von Film-, Theater- und Jazzfestivals versüßt wird. Dreh- und Angelpunkt des Städtchens ist natürlich der Strand mit seinem Obelisken, einer riesigen, weißen Skulptur von 2005 – 18,5 m hoch und 200 Tonnen schwer. Ihr Vorgänger von 1970 wurde von einer Flut begraben. Auch cool: Das Frachtschiffswrack *Epava Evangelia* mit 7355 Bruttoregistertonnen, das 1968 direkt vorm Strand von Costineşti auf Grund lief und seitdem dort feststeckt. *L7*

18 MURFATLAR

20 km/25 min von Constanța (Auto)

Das berühmteste und größte Weingut des Lands liegt im Städtchen Murfatlar. Dort werden aromatische und liebliche Dessertweine der Sorten Riesling, Muscat-Ottonel, Chardonnay und Cabernet Sauvignon produziert. Der *Chardonnay de Murfatlar* wurde 1972 Weltmeister *(murfatlar.com)*. Weinproben gibt es für Gruppen ab 20 Personen. *L6*

NEPTUN

(L7) **Der reine Badeort mit dem Planetennamen 35 km südlich von Constanța war zu kommunistischen Zeiten das Seebad der rumänischen Politprominenz. Ceauşescu hatte hier ebenso wie seine Nach-**

folger seine streng bewachte Villa nebst abgeschirmtem, eigenem Strand.
Gemeinsam mit seinen Satellitenorten Jupiter, Olimp, Saturn und Venus sowie Cap Aurora ist dieser Komplex fast ausschließlich auf Pauschaltourismus ausgerichtet. Die Lage ist etwas ungünstig, denn zwischen Ort und Meer liegen Binnenseen. Aber das machen die Vegetation, die Ruhe im Grünen und ein schöner Badestrand – breit und sauber – wett. Neptun verfügt über modernisierte und eine Reihe neuer, attraktiver Hotels.

ESSEN & TRINKEN

LA CASA CU STUF

Im „Schilfhaus" am Tătlăgeac-See werden Fischgerichte aller Art (Süßwasser- und Seefisch) und Meeresfrüchte zubereitet. Die Zutaten liefern heimische Produzenten. *Tgl. 9–24 Uhr | 23 August | Olimp | Tel. 0374 90 57 85 | Facebook: Casa Cu Stuf | €€*

CIREȘICA

Lauschiges Gartenrestaurant mit rumänischer Küche und dem Dessert *cireșica*. Du speist unter Quitten und Kirschbäumen. Fisch, Obst und Gemüse kommen aus der Region direkt in die Küche. Abends Livekonzerte mit rumänischer Volksmusik. *Tgl. 8–23 Uhr | Olimp | Str. Garii | Tel. 0722 81 68 73 | complexciresica.ro | €€*

SPORT & WELLNESS

In Neptun hast du richtig viele Sportmöglichkeiten – Jetski, Yachttörns, Segeln, Wasserski, Tennis, Kegeln – und Angebote für Kuren, etwa in der Anlage *Doina (complexdoina.ro)*, wo du rund ums Jahr etwas für Seele, Geist und Körper tun kannst.

AUSGEHEN & FEIERN

Die vielen Nachtclubs und Diskotheken sind immer voll. Jeden Abend Livekonzerte. Das Hotel hat die Termine für die Open-Air-Partys mit Rock und House am Strand, die der Verein *Liberty Parade* im Juli zwischen Saturn und Venus veranstaltet. Wenn du bis zum Morgengrauen durchhältst, erlebst du einen traumhaften Sonnenaufgang überm Meer.

RUND UM NEPTUN

19 23 AUGUST

3 km/5 min von Olimp (Auto)

Nur ein paar Kilometer von den Badeplaneten um Neptun entfernt findest du in diesem Ort einen fast gänzlich einsamen Strand ohne die anderorts übliche Beschallung. Bist du am Strand von Costinești eine Sardine unter vielen, hast du hier Platz, kannst Drachen steigen lassen und Vögel beobachten, die am nahen Tătlăgeac-See nisten. Der See zieht auch Angler und Wassersportfans an. Im ganzjährig geöffneten Fischlokal *Popasul Pescarilor (am Strand zwischen 23 August und Olimp | Tel. 0341 56 69 10 | €)* gleich neben der Bahnlinie löffelst du eine der besten Fischsuppen der Schwarzmeerküste.

Nicht nur Weinliebhaber sollten dem *Clos des Colombes (Strada Olimp | Tel. 0374 03 30 33 | closdescolombes.eu | €€)* einen Besuch abstatten. Praktisch aus dem Nichts hat eine Französin auf einem verlassenen Hof, von dem nur noch der (namensgebende) Taubenschlag stand, ein Weingut eingerichtet. Aus einer Winzerdynastie der Champagne stammend produziert die Besitzerin z. B. einen Weißwein mit dem schönen Namen „Prinzessin auf der Erbse". Gut bewirtet wirst du im Restaurant mit einem Mix aus rustikalen und modernen Gerichten. *L7*

MANGALIA

(L7) **Ruhig, gastfreundlich und authentisch – so präsentiert sich die Hafenstadt Mangalia (36 400 Ew.). Schon die alten Griechen siedelten hier im 6. Jh. v. Chr. und nannten die Stadt Callatis.**

Der Tourismus erwies sich als Fluch und Segen. Als in den 1960er-Jahren eine Reihe neuer Badeorte, etwa Neptun, in der Umgebung gebaut wurden, zerstörte man Mangalias Altstadt fast komplett. Immerhin blieb die *Esmahan Sultan Moschee* erhalten. Heute ist Mangalia selbst ein beliebter Ferienort, dessen Mix aus Meeresstränden, antiken Spuren, schwefelhaltigem Mineralwasser und Heilschlamm aus dem Techirghiol-See seinen Reiz ausmacht.

Ebenso spannend ist Mangalias Volksgruppenmix aus Rumänen, Tataren

Bezaubernd klein wie die Esmahan-Moschee ist auch ihr Minarett

und Türken, der sich auch in den Küchen niederschlägt. Probier den berühmten *schuberek*, eine mit Rindfleisch oder Käse gefüllte Teigtasche, an einem Straßenstand und besuch den *Basar (Str.*

INSIDER-TIPP
Mit leckeren Taschen den kleinen Hunger stillen

Abends Beachparty, tagsüber buntes Strandleben: Bukarests Szenegänger lieben Vama Veche

Mihai Eminescu). Schön bunt und manchmal auch ein klein wenig chaotisch geht es hier zu. Und man findet alles, was man gar nicht gesucht hat: von Hausschuhen bis zu Traktorreifen. Natürlich darf gern gefeilscht werden. Aber Vorsicht: Die Einheimischen können das besser als du!

SIGHTSEEING

ARCHÄOLOGISCHES MUSEUM (MUZEUL DE ARHEOLOGIE CALLATIS)

Das Museum birgt die Bruchstücke einer in den 1950er-Jahren in Mangalia entdeckten Papyrusrolle, die erst vor Kurzem aus Moskau zurückkehrte. Außerdem sind Säulen, Sarkophage, Reliefs und Keramiken aus der Römerzeit zu finden, die bei archäologischen Grabungen in Mangalia und Umgebung entdeckt wurden. *Im Sommer 8–20, im Winter 8–16 Uhr | Str. Constanței 23* | *1 h*

ESMAHAN SULTAN MOSCHEE

Rumäniens älteste Moschee (1525) sollte man gesehen haben – zumal sie und der türkische Friedhof mit 400 Jahre alten Grabsteinen komplett restauriert wurden. Esma-Han, die Tochter des Sultans Selim II, stiftete die im maurischen Stil gestaltete Moschee. Du kannst auch das Minarett erklimmen. *Str. Oituz* | *1 h*

ANTIKE RUINEN

Das *Hotel President* wurde auf die Überreste der alten Burg von Callatis gebaut. Du kannst die antiken Ruinen im Boden des Hotelfoyers und im Kellerrestaurant beäugen, dazu in Schaukästen diverse Objekte, die bei den Ausgrabungen entdeckt wurden. *1 h*

ESSEN & TRINKEN

BISTRO MARINAS

Mitten im Ort liegt dieses Lokal, in dem rumänische Traditionsküche und internationale Gerichte auf der Speisekarte stehen. *Tgl. 9–24 Uhr | Str. Vasile Pârvan 12a | Tel. 0241 75 21 26 | Facebook: BistroMarinas | €€*

PUIU'S

Früher hieß es „Kasematte". Nach wie vor ist es das urigste Fischlokal der Stadt, und liegt direkt am Strand mit Blick übers Meer. *Tgl. 12–22.30 Uhr | Tel. 0743 33 46 74 | cazemata.ro | €€*

SPORT & SPASS

GROTTE AM LIMANUSEE (PEŞTERA LIMANU)

Die 4 km lange, labyrinthartige Grotte am Süßwassersee Limanu, 2 km südlich von Mangalia, lädt zum Versteckspielen ein. So können Kinder die verzweigte Höhle herrlich erkunden. *Der Eingang ist nicht ganz leicht zu finden: GPS 43.808167, 28.521564*

RUND UM MANGALIA

20 HERGHELIA MANGALIA

5 km/10 min von Mangalia (Auto)

Das größte Gestüt Südosteuropas mit rund 350 Pferden liegt nördlich von Mangalia. Angeboten werden Ausritte an den Strand und Kutschfahrten. Wer nicht selbst reiten mag, darf den Pferden beim Training zuschauen. *Şoseaua Constanţei 52 | Tel. 0748 264568 | hergheliidestat.ro* | *L6*

21 VAMA VECHE

9 km/11 min von Constanţa (Auto)

Du bist entweder jung, jung geblieben und/oder Rucksacktourist? Dann fühlst du dich hier unter Gleichgesinnten pudelwohl. Im Dorf an der bulgarischen Grenze und im Nachbarort *2 Mai* wird seit einem halben Jahrhundert am Strand gezeltet; es gibt FKK-Abschnitte. Heute dauern die Strandpartys mit Livemusik und Lagerfeuer den ganzen Sommer. Kleine Restaurants bieten gegrillten Fisch und rumänische Hausmannskost. *BIBI Bistro (Str. Ion Creangă 10 | Tel. 0722 19 13 66 | €)* und *Bolo Steak House (Str. Ion Creangă 12 | Tel. 0727 84 29 68 | €)* sind zwei gute Beispiele. Beliebtestes ist das ganzjährig geöffnete Fischlokal *Cherhana Vama Veche (Falezei 2b | Tel. 746 48 51 00 | €)*. Eine nette Radtour machst du auf dem Fahrradweg, der auf 5,2 km von 2 Mai nach Vama Veche und bis zur bulgarischen Grenze führt. Räder vermietet *Mihaela Radulescu (Tel. 0722 88 90 87 | radulescu@bibi.ro)*. *L7*

22 ALBEŞTI

13 km/15 min von Constanţa (Auto)

Die Ruinen einer griechischen Festung südwestlich von Albeşti am Mangalia-See stammen aus dem 4.–2. Jh. v. Chr. Entdeckt wurden die Ruinen zufällig 1971 von einem Lehrer, der mit seinen Schülern einen Ausflug machte. Besonders interessant ist eine *Prinzengrabstätte*, die den Archäologen noch Rätsel aufgibt. *Frei zugänglich* | *L7*

ERLEBNIS TOUREN

Lust, die Besonderheiten der Region zu entdecken? Dann sind die Erlebnistouren genau das Richtige für dich! Ganz einfach wird es mit der MARCO POLO Touren-App: Die Tour über den QR-Code aufs Smartphone laden – und auch offline die perfekte Orientierung haben.

1 ENTDECKUNGSTOUR IM OSTEN

- Blubbernde Vulkane beobachten
- Unterirdische Kleinstadt im Salz
- Panoramablick von der Passstraße

Brașov

Brașov

980 km

4 Tage, reine Fahrzeit 18 Stunden

Badesachen & Wanderschuhe nicht vergessen!
Achtung: **Gaura Dulce:** Mo keine Livemusik!

Auf Bootstour in den Armen des Donaudeltas

VOM ALTREICH ZUM TRAUMSCHLOSS

Von ❶ **Brașov** *geht es durch die Moldau, Teil des Altreichs*, wie sich die vereinigten Rumänischen Fürstentümer südlich und östlich des Karpatenbogen früher nannten. *Südlich durchquerst du das Prahovatal bis in den hübschen Ferienort Sinaia*, wo du das imposante ❷ **Schloss Peleș** ➤ S. 75 bestaunst. *Anschließend fährst du über Buzău nach* ❸ **Berca.** Dort darfst du den **Schlammvulkanen** beim Blubbern zuschauen. Die Übernachtung liegt im Ort in der Pension **Casa Matei** *(casa-matei.ro)*.

TAG 1
❶ Brașov
48 km
❷ Schloss Peleș
156 km
❸ Berca

AUS DEN KERKERN IN DIE UNTERWELT

Gut ausgeschlafen kutschierst du nördlich Richtung Focșani. Ein Stopp lohnt in ❹ **Râmnicu Sărat.** Der Ort erlangte unter den Kommunisten traurige Berühmtheit durch sein *Gefängnis des Schweigens*, in dem 1945–1963 politische Häftlinge inhaftiert waren. *Dein Tagesziel ist* ❺ **Târgu Ocna,** wo im früheren **Salzbergwerk** in 240 m Tiefe eine ganze Kleinstadt mit der weltweit einzigen **Salzkirche** steht. Über Tage erfrischst du dich im **Salzwasser-Freibad** *(tgl. 9–19 Uhr, im Winterhalbjahr kürzer | Str. Salinei 12 | salina.ro). Dein Nachtquartier liegt 5 Minuten von der Saline entfernt, die*

TAG 2
78 km
❹ Râmnicu Sărat
135 km
❺ Târgu Ocna

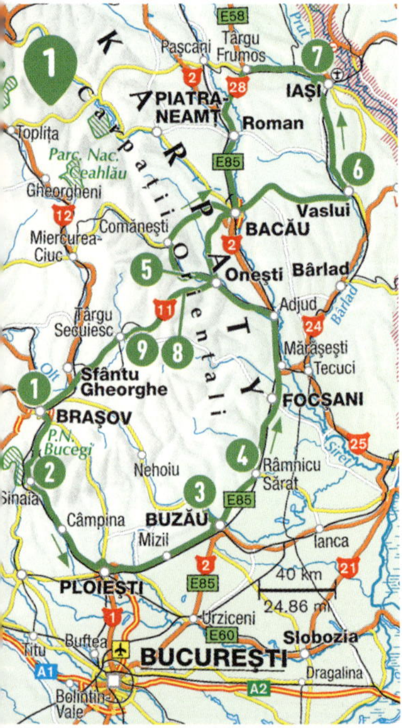

Pension **Casa din Livada** *(casadinlivada.ro).*

WO FÜRSTEN WOHNTEN & HIERARCHEN RESIDIEREN

Über Moinești und Bacău steuerst du **6 Vaslui** an, wo du dich wieder auf die Spuren der Moldauer Monarchen setzst. Wie beispielsweise in der **Casa Mavrocordat** *(Str. Stefan cel Mare 62)* von 1890, in der die Schwester des letzten moldauischen Fürsten lebte. Sehenswert sind auch die **Ruinen eines alten Fürstensitzes** *(Str. Stefan cel Mare 58 | neben der orthodoxen Kirche)* aus dem 15. Jh. Mit **7 Iași** **➤ S. 96** erreichst du die Hauptstadt der Region Moldau. Mach einen Stadtbummel und schau dir auch die **Kirche der Drei Hierarchen** mit ihrer reliefverzierten Fassade an. Echte rumänische Hausmannskost gibt's mitten im Zentrum im Lokal **La Conac.**

Braşovs touristischer Magnetismus: Rathausplatz und Altstadtgassen ziehen magisch an

Eines Monarchen würdig bettest du dein Haupt im Grand Hotel Traian.

BLICK VON OBEN

Auf der Rückfahrt via Târgu Frumos, Roman, Bacău und Onești überquerst du über den 866 m hohen 8 Oituz-Pass die Ostkarpaten mit traumhaftem Ausblick darauf und erreichst anschließend 9 Târgu Secuiesc im Szeklerland. Vertritt dir die Füße im Örtchen mit dem hübschen Markplatz. *Weiter geht's nach* 1 Brașov, wo du deine Entdeckungsreise mit traditionell rumänischem Abendessen und ebensolcher Livemusik im Gaura Dulce gleich hinterm Rathausmarkt krönst.

TAG 3
168 km
6 Vaslui
76 km
7 Iași
TAG 4
200 km
8 Oituz-Pass
52 km
9 Târgu Secuiesc
65 km
1 Brașov

2 ZWISCHEN WASSER UND WEIN IM SÜDWESTEN

- Per Boot durch die Donauengen schippern
- Sich durch die Prigor-Schlucht zwängen
- Mit der Banater Semmeringbahn durch Landschaftsidylle

Târgu Jiu — Temeswar

590 km — 4 Tage, reine Fahrzeit 13 Stunden

Achtung: Weingut 3 **Corcova Roy și Dâmboviceanu** nur mit Voranmeldung!
Banater Semmeringbahn: Vorbuchen auf cfrcalatori.ro!

SKULPTUREN & BAUERNHÄUSER

In 1 Târgu Jiu ➤ S. 91 schaust du den Brâncuși-Skulpturenpark an, bevor du dich *auf den Weg nach Curțișoara* machen, wo das kleine, nette 2 Freilichtmuseum (Muzeul Arhitecturii Populare din Gorj) *(Di–So 9–17 Uhr | Eintritt 10 Lei)* typisch ländliche Architektur der Region zeigt. *Zurück über Târgu Jiu geht's*

TAG 1
1 Târgu Jiu
12 km
2 Freilichtmuseum
70 km

❸ Corcova Roy și Dâmboviceanu
16 km
❹ Pension La Lux
TAG 2
41 km
❺ Drobeta Turnu-Severin
47 km
❻ Pension Septembrie

südlich auf der DN 67 über Motru nach Corcova. Wer nicht selbst am Steuer sitzt, probiert im Weingut **❸ Corcova Roy și Dâmboviceanu** *(Tel. 0766 45 31 92 | corcova.ro)* die Bandbreite exzellenter rumänischer Weine einmal durch. Vielleicht kaufst du auch den ein oder anderen Tropfen. Zum Übernachten dient *in Motru* die **❹ Pension La Lux** *(neben der Petrom-Tankstelle | pensiunealalux.ro). Morgens machst du dich auf in die Donaustadt* **❺ Drobeta Turnu-Severin** **➤ S. 55.** Wirf einen Blick auf den historischen **Wasserturm** (1910) und das frisch renovierte **Theater.** Nur von Weitem zu erkennen ist ein **Ruinenfragment der römischen Trajansbrücke.** Zum Übernachten ist im *flussaufwärts gelegenen Eșelnița* die **❻ Pension Septembrie** *(pensiunea-septembrie.ro)* am Rand des Naturparks Eiserne Pforte wie gemacht. In der Unterkunft kannst du eine Bootsfahrt durch die Donauengen buchen, inklusive Besichtigung der **Veterani-Höhle.**

SCHLUCHTEN & QUELLEN

TAG 3
99 km

Von Eselnița geht es über Orșova auf der E70 in nördliche Richtung bis zur Abzweigung der DN 57B, auf die du nach links abbiegst. Vor Prigor passierst du die be-

klemmende Enge der ❼ **Prigor-Schlucht** mit einmaligem Blick: Rechts Felswände, links tief unten ein kleines Mühlchen am Bachufer. Auf die Spur weiterer Wassermühlen setzst du dich, *wenn du kurz hinter Prilipeț links Richtung Eftimie Murgu (oder Rudăria) abzweigst ins gleichnamige Tal. Lass das Auto an der Ortsausfahrt stehen* und mach einen nostalgischen Spaziergang zu den ❽ **Wassermühlen von Rudăria.** *Zurück auf der Hauptstrecke fährst du durch das malerische Miniș-Tal bis nach Anina/Steierdorf.* Ein kräftiger Farbstrich auf der Straße und das große Schild „Paralela 45" markieren den 45. Breitengrad, die Mitte zwischen Äquator und Nordpol. Hier ist der richtige Platz für ein Selfie. *Eine Brücke bringt dich zu einem überdachten Rastplatz. Steig auch das kleine, steile Felstal vorbei an einer Kette kleinerer Wasserfälle hoch zu seinem Ende,* wo unter hervorkragenden Felswänden die ❾ **Bigăr-Quelle** entspringt, einer der größten Karstsprudel des Banater Berglands.

INSIDER-TIPP
Romantisches Mühlenrauschen

❼ Prigor-Schlucht

15 km

❽ Wassermühlen von Rudăria

27 km

❾ Bigăr-Quelle

22 km

Die Veterani-Höhle war schon Bärendomizil, Opferstätte und Zuflucht in Kriegszeiten

⑩ Anina

34 km

⑪ Hotel Caraș

TAG 4

207 km

⑫ Temeswar

LANDSCHAFTSERLEBNIS PER ZUG

In ⑩ **Anina** steigst du mit Nachtgepäck um in den Zug nach *Oravița*. Die Strecke der **Banater Semmeringbahn** *(Abfahrt Anina 13.30, Ankunft Oravița 15.20 Uhr; Abfahrt Oravița 11.15, Ankunft Anina 13.05 Uhr | Onlinebuchung auf cfrcalatori.ro)* von 1863 ist spektakulär. Check in Oravița im ⑪ **Hotel Caraș** *(Tel. 0769 00 29 80)* ein und entspann im hauseigenen **Thermalbad.** *Am Vormittag bringt die Bahn dich zurück nach Anina und du setzt deine Autofahrt gen Norden auf der 58 fort. Über Reschitza und Lugoj bringt dich die Landstraße nach* ⑫ **Temeswar** **➤ S. 49,** Hauptstadt des Banats mit ausgeprägtem k.u.k.-Charme. Unternimm einen Stadtbummel vom Domplatz ausgehend. Und verpass nicht das **Museum der Rumänischen Revolution vom Dezember 1989** *(Mo–Fr 8–16, Sa 10–14 Uhr | Führungen auch in Deutsch zu den Schauplätzen der Revolution | Str. Popa Șapcă 3–5 | Eingang von der Str. Oituz | memorialulrevolutiei.ro)* an, die in Temeswar ihren Ausgang genommen hatte. Lass Tour und Tag ausklingen mit einem Getränk auf einer der Bierterrassen an der lebendigen **Lloyd-Zeile.**

Im hübschen k. u. k.-Städtchen Temeswar nahm die 1989er-Revolte ihren Ausgang

3 SIEBENBÜRGISCHES POTPOURRI

- Die stolzeste Kirchenburg der Region in Biertan
- Hünengräber und Wiesen erwandern
- Knusperbrote in einer alten Mühle probieren

Sibiu

Sibiu

285 km

2 Tage, reine Fahrzeit 8 Stunden

Achtung: Mit der *Transilvania Card (12 Euro | transilvania-card.ro)*, dem Kirchenburgenpass, kannst du 50 Kirchenburgen kostenlos besuchen.
6 La Curtea Richvini: Abendessen vorbestellen! Führungen mit **Stefan Vaida** vorab buchen!

ZWISCHEN WURMLÖCHERN & ÖKOHÖFEN

Von 1 Sibiu *geht es Richtung Mediaş mitten durchs Alte Land*; hier gründeten Siebenbürger Sachsen im 12. Jh. die ersten Orte. Gleich in 2 Slimnic wartet schon die erste Burg, an den Fuß des Hügels schmiegen sich das hübsche gotische Pfarrhaus und die Evangelische Kirche. *Etwas weiter nördlich, bei Copşa Mică lohnt ein Abstecher nach* 3 Wurmloch (Valea Viilor), zur wuchtigen gotischen Kirche aus dem 14. Jh. Der ulkige Ortsname bedeutet im sächsischen Dialekt „warmes Loch", weil hier wegen des milden Klimas Wein gut gedeiht. Durch schöne Eichen- und Buchenwälder fährst du bis *Mediaş, wo du rechts nach* 4 Moşna abbiegst. Dort beeindruckt ein Prachtstück von Burg aus dem 15. Jh. kleine und große Ritter. Anschließend lohnt ein Einkaufsstopp auf dem Bauernhof Bio-Moşna *(Mo–Sa 8–20 Uhr | Facebook: BioMosna)*, wo Willy und Lavinia Schuster ihren eigenen Biokäse herstellen. *Von Moşna fährst du südöstlich und biegst dann bei der ersten Weggabelung links ab.*

INSIDER-TIPP
Alles bio oder was?

TAG 1
1 Sibiu
17 km
2 Slimnic
33 km
3 Wurmloch
23 km
4 Moşna
19 km

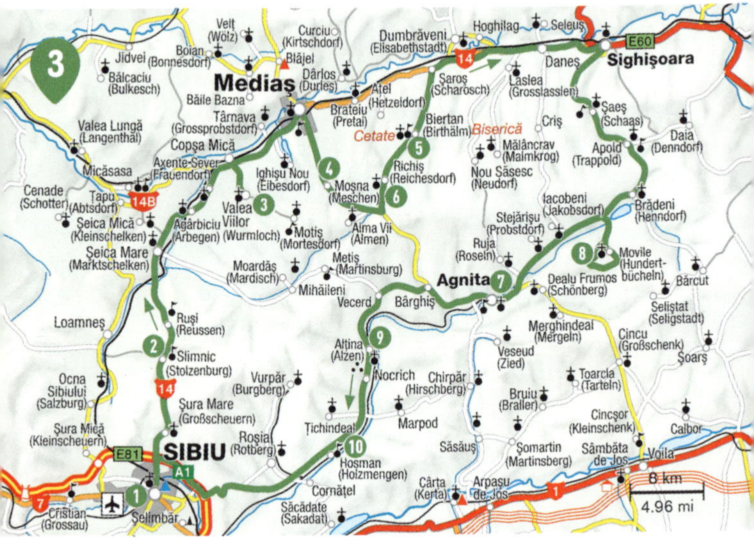

5 Biertan

7 km

6 La Curtea Richvini

Richtung Norden über Richiș erreichst du **5 Biertan ➤ S. 69** mit der wohl repräsentativsten **Kirchenburg** Siebenbürgens. *Zum Übernachten geht es zurück nach Richiș (Reichesdorf).* Im Gästehaus **6 La Curtea Richvini ➤ S. 69** übernachtest du gemütlich und kannst nach Anmeldung vorher auch zu Abend essen.

Das zauberhafte Hosman lässt sich auch bodenständig wertschätzen – ohne abzuheben

WO DIE RIESEN SCHLAFEN

Am nächsten Morgen führt die Strecke über Biertan und Sighişoara, dann südlich nach ❼ **Agnita** mit einer gotischen **Kirchenburg** des 15. Jhs. Anschließend steht eine Wanderung zu den ❽ **„Rutschungshügeln"** an, wie Geologen die seltsamen Anhöhen nennen, *die bei Hundertbücheln (Movile) die Landschaft bestimmen.* Der Legende nach sollen es Hünengräber von Riesen sein. *An der Landstraße zwischen Agnetheln und Hermannstadt liegt* ❾ **Alţâna,** wo **Stefan Vaida** *(Tel. 0742 23 65 57 | stefi_2083@yahoo.it)* dich zu Besenbindern und Kürschnern führt und dir die Wasserbüffelherde des Ortes zeigt. In ❿ **Hosman** wartet die letzte, aber wunderschöne **Wehrkirche** der Tour auf deine Wertschätzung. Werktags kannst du einen Blick in die restaurierte **Alte Mühle** *(moara-veche.ro)* im Ort werfen. Dort wird heute wieder Weizen gemahlen, und im alten Backofen der angeschlossenen Bäckerei auf traditionelle Art Brot gebacken. *Zurück in* ❶ **Sibiu** kaufst du, sofern gerade Freitag ist, diese Brote auf dem **Biobauernmarkt** ➤ S. 66 am Huetplatz. Samstags werden sie auf dem **Markt vor der Transilvania-Halle** südlich des historischen Zentrums angeboten. Beide Märkte sind eine gute Gelegenheit, sich zum Abschluss der Tour mit typisch Siebenbürgischen Souvenirs einzudecken.

TAG 2

75 km
❼ Agnita
27 km
❽ Rutschungshügel
49 km
❾ Alţâna
13 km
❿ Hosman
34 km
❶ Sibiu

GUT ZU WISSEN

DIE BASICS FÜR DEINEN URLAUB

ANKOMMEN

ANREISE

Von Wien aus führt die Autobahn über Budapest fast bis zur rumänischen Grenze nahe Szeged und danach weiter über Arad bis nach Sibiu (A1). Die Lücke über die Karpaten nach Piteşti ist nicht groß, dann geht es schon per Autobahn weiter nach Bukarest. Von Budapest über Szolnok nach Rumänien geht es weitgehend auf Landstraßen, aber die Strecke von Oradea nach Cluj-Napoca ist gut ausgebaut, und südlich von Cluj besteht auch schon ein Teilstück der Autobahn A3.

Per Zug nach Bukarest gelangst du mit dem Eurocity über Wien und Budapest. Am frühen Abend verkehrt aus Wien ein Direktzug in die rumänische Hauptstadt (ca. 20 Stunden aus Wien, 24 Stunden aus München, Preis hin und zurück ca. 200 Euro). Infos: *bahn.de*

Nahezu alle größeren rumänischen Städte werden von Buslinien u. a. Pletl *(pletl.ro)*, Eurolines *(eurolines.de)* und Atlassib *(atlassib.ro)* aus Deutschland, Österreich und der Schweiz angesteuert. Auch Flixbus *(flixbus.ro)* ist inzwischen nach Rumänien unterwegs.

Die Lufthansa *(lufthansa.com)* bietet täglich Direktflüge von Frankfurt/Main und München nach Bukarest, außerdem von München nach Sibiu, Cluj-Napoca und nach Timişoara. Direkt von München nach Sibiu und Bukarest fliegst du mit der rumänischen

+ 1 Stunde Zeitverschiebung

In Rumänien gilt die Osteuropäische Zeit. Mitteleuropäer müssen ihre Uhren eine Stunde vorstellen.

Auch das gibt es noch: Roma mit Pferd und Wagen. Aber frag vorher, ob du knipsen darfst

Gesellschaft Tarom *(tarom.ro)*, außerdem nach Bukarest von Wien, Frankfurt und Hamburg aus. Blue Air *(blue airweb.com)* hat München, Stuttgart, Köln, Frankfurt, Hamburg sowie zahlreiche rumänische Flughäfen in ihrem Programm. Swiss *(swiss.com)* verbindet täglich Zürich und Bukarest.

Direktflüge aus Wien gehen nach Bukarest, Timişoara, Sibiu, Cluj-Napoca, Iaşi und Suceava. Nach Constanţa fliegen nur in der Hauptsaison Chartermaschinen aus Deutschland. Auch die Billigfluggesellschaften WizzAir *(wizz air.com)*, EasyJet *(easyjet.com)* und Eurowings *(eurowings.de)* haben Ziele in Rumänien im Programm.

EINREISE

Zur Einreise nach Rumänien brauchen Bürger der EU und auch Schweizer nur einen gültigen Personalausweis. Für Autofahrer reichen die üblichen Fahrzeugpapiere.

ZOLL

Bei Ein- und Ausreise innerhalb der EU gelten die üblichen Freimengen, u. a. unbegrenzte Mengen an Wein, 110 l Bier, 10 l Spirituosen, 800 Zigaretten. Für Schweizer gelten bei der Einfuhr geringere als die EU-Mengen. Für die Ausfuhr von Kunstwerken aus Rumänien braucht es eine Genehmigung vom *Oficiul de Patrimoniu.*

WEITERKOMMEN

AUTO

Bei der Einreise nach Rumänien musst du an der Grenze eine Vignette *(Rovignete)* kaufen, die allerdings nur gut 3 Euro für 7 Tage kostet *(roviniete.ro).*

Setz dich niemals alkoholisiert ans Steuer, auch wenn es nur ein Schlück-

chen war. In Rumänien gilt absolutes Alkoholverbot; das wird auch kontrolliert. Die Straßen sind besonders nördlich der Karpaten schon sehr viel besser geworden, die Schauergeschichten über unhaltbare Zustände maßlos übertrieben. Dennoch gibt es noch Schlaglöcher. Und lass dich nicht von Rasern anstecken – du hast ja Zeit.
Es gilt Tempo 130 km/h auf Autobahnen (bei Regen 80 km/h), 90 auf Landstraßen außerhalb der Ortschaften und 50 innerhalb. Es gibt eine Menge Radarkontrollen, die meist auf Schildern angekündigt werden. Verkehrsverstöße können schnell zum Führerscheinentzug führen. Das Tankstellennetz an den Hauptstraßen ist recht großzügig ausgebaut. Fast überall ist Kartenzahlung möglich. Getankt wird 95er- und 98er-Benzin, LPG und Diesel.

MIETWAGEN

In den rumänischen Städten können Autos problemlos gemietet werden. Alle auch bei uns bekannten Autovermieter sind auch dort vertreten, besonders natürlich an den Flughäfen. Die Tagespauschale beträgt meist mindestens 10–15 Euro.

ÖFFENTLICHE VERKEHRSMITTEL

Oft verkehren Linienbusse zwischen den einzelnen Orten nur einmal am Tag. Von den größeren Städten aus werden Ausflüge per Bus in die Umgebung angeboten. Näheres gibt's zu erfahren bei den jeweiligen Touristeninfos.
Die größeren Städte werden vom rumänischen Eisenbahnnetz bedient. Zugreisen sind relativ preiswert. Lass es daher ruhig krachen und lös Fahrkarten für die 1. Klasse. Das ist entspannter und trotzdem günstig. Infos und Tickets auf *cfrcalatori.ro/en*

TAXI

Taxifahren ist in Rumänien ein vergleichsweise günstiges Vergnügen, es kostet etwa 0,50 Euro/km in der Stadt, ca. 1 Euro außerhalb. Der Startpreis liegt ebenfalls bei ca. 0,50 Euro. Vor dem Einsteigen solltest du sicherstellen, dass dein Fahrzeug ein Taxameter besitzt. Auch in Rumänien sind Taxianbieter wie Uber inzwischen angekommen, die man unkompliziert per App bestellt und auch bezahlt – da sind böse Überraschungen oder Missverständnisse ausgeschlossen, und es ist meist auch günstiger.

INSIDER-TIPP
Sicher, praktisch & günstig per App

IM URLAUB

AUSKUNFT

Auf der Website *romaniatourism.com* findest du eine Menge Infos. In den wichtigsten Städten gibt es noch die klassischen Touri-Informationen mit dem charakteristischen i-Symbol.

CAMPING & WOHNMOBIL

In Rumänien gibt es viele Zeltplätze, die zumeist von Mai bis September geöffnet sind. Aber erwarte nicht zuviel: Der Komfort auf den Plätzen ist im Allgemeinen nicht besonders groß. Von wildem Camping oder Zelten wird

FESTE & EVENTS
RUND UMS JAHR

APRIL
Hirtenfest (Răşinari): traditionelles Fest am 3. Sonntag in dem Dorf bei Sibiu

MAI/JUNI
Transilvania International Film Festival (TIFF) (Cluj-Napoca & Sibiu): größtes rumänisches Filmevent | *tiff.ro/en*

Jazzfestival Napocensis (Cluj-Napoca), *Facebook: Napocensis*

Bookfest (Bukarest): einwöchige, renommierte Buchmesse | *bookfest.ro*

Internationales Theaterfestival (Sibiu): zahllose Spektakel über 10 Tage hinweg | *sibfest.ro*

JULI
Alt-Bukarest-Festival: mit Kostümumzügen, Kutschfahrten, Straßenmusik und -theater Mitte Juli–Anfang Aug. | *Facebook: Old Bucharest*

Rockfestival Stufstock (Vama Veche), *Facebook: Stufstock*

AUGUST
Dava – Festival der elektronischen Musik (Sighişoara): Techno und House en masse | *davafestival.com*

Tag der Marine (Constanța): große Schiffsparade am 16. August

Zuika- und Käsefestival (Răşinari), *sibiu-turism.ro*

Rockfestival Artmania (Sibiu): international besetzt | *artmaniafestival.ro*

SEPTEMBER
Enescu-Festival (Bukarest): internationaler Wettbewerb für klassische Musik (nächster Termin 2022) | *festivalenescu.ro*

OKTOBER
Tag des heiligen Dumitru am 26. Oktober (Bukarest): spektakuläre Prozession um die Reliquien des Bukarester Schutzpatrons

abgeraten, es sollten nur die ausgewiesenen Plätze benutzt werden.

Rumänien bietet sich besonders für Wohnmobiltouren an, doch sind Straßen nicht immer im besten Zustand. Mehr als 60 zertifizierte Campingplätze in Rumänien nehmen Wohnmobilisten auf. Viele Infos gibt es auf *camping.info/rumänien.* Empfehlenswerte Plätze für Wohnmobile sind etwa *Mustang Camping (Câmpu Cetății | mustangcamping.ro)* mitten in Siebenbürgen, *Vuurplaats Camping (Fundu Moldovei | vuurplaats.eu)* am Fuß des Rarău-Massivs in der Südbukowina und der *Camperland-Platz (camperland.ro)* im Trotuș-Tal mitten in der Moldau, wo du das Wohnmobil auch reparieren lassen kannst.

FEIERTAGE

1./2. Jan.	Neujahr
24. Jan.	Tag der Vereinigung
März/April	Ostern orthodox
1. Mai	Tag der Arbeit
Mai/Juni	Pfingsten orthodox
15. Aug.	Mariä Himmelfahrt
30. Nov.	Heiliger Andreas
1. Dez.	Nationalfeiertag
25./26. Dez.	Weihnachten

Wildes Campen ist in Naturschutzgebieten verboten, und in den Bergen wird davor gewarnt wegen der Gefahr durch Bären. Aber trotzdem finden sich viele schöne Orte, auf denen du dein Zelt, deinen Bus oder das Wohnmobil für die Nacht parken kannst.

FKK

FKK wird an etlichen Schwarzmeerstränden praktiziert. Oben ohne ist dort auch kein Problem. Einige wenige Hotels an der Küste haben außerdem eigene FKK-Strandabschnitte.

FOTOGRAFIEREN

Das Fotografieren ist fast überall erlaubt, außer an Brücken, Flugplätzen und militärischen Einrichtungen.

GELD & WÄHRUNG

Die Banken in Rumänien sind werktags mindestens von 8 bis 13 und 14 bis 18 Uhr geöffnet, manchmal länger. Geldwechseln ist jedoch in größeren Hotels und privaten Geldstuben günstiger. Mit deiner EC-Karte kannst du an Geldautomaten problemlos und zu moderaten Gebühren die Landeswährung ziehen. Wähl am besten einen zu einer Bank gehörigen Automaten. Wenn der Automat fragt, ob du einen „garantierten Wechselkurs" oder einen „sicheren Euro-Betrag" willst, dann lehn ab. Die garantierten Beträge sind höher, als wenn man einfach die Hausbank das Umrechnen machen lässt. Die Landeswährung Leu (Mehrzahl Lei) hat sich inzwischen stabilisiert. Ein Leu entspricht 100 Bani. Es gibt Münzen zu 1, 5, 10 und 50 Bani sowie Scheine zu 1, 5, 10, 50, 100, 200 und 500 Lei. Wenn du Zweifel hast am Umrechnungskurs, dann helfen dir Online-Währungsrechner wie *oanda.com*.

INSIDER-TIPP
Sicher nicht den sicheren Kurs

HAUSTIERE

Willst du dein tierisches Familienmitglied nicht zu Hause in Pflege geben, kannst du es auch unbesorgt nach Rumänien mitnehmen. Immer mehr Unterkünfte und auch Restaurants sind hundefreundlich. Du brauchst nur einen so genannten EU Pet Passport, den dein Tierarzt dir problemlos ausstellt, wenn der Liebling innerhalb der letzten sechs Monate eine Tollwutimpfung erhalten und einen Chip zur Identifikation injiziert bekommen hat. Mehr ist nicht notwendig. Vorsicht nur in der Provinz, wo z. B. Schafherden weiden. Die Schäferhunde können schon mal schnell besitzergreifend werden.

INTERNETZUGANG & WLAN

Das Land ist digital bestens versorgt. Fast jede Unterkunft und jedes Restaurant bieten WLAN (mit „WiFi" oder „hotspot" ausgewiesen). Außerdem kostet das Nutzen des eigenen Smartphones ja in der EU kein Roaming mehr. Du kannst dein Handy also unbesorgt für mobile Daten nutzen, wenn du nicht gerade Filme streamst oder riesige Dateien herunterlädst. Auch z. B. googlemaps als Navi zu verwenden, ist völlig in Ordnung. Viele Smartphoneverträge enthalten ein EU-Datenpaket. Doch auch, wenn du fürs Surfen zahlen musst, kostet es nicht mehr die Welt. Vorsicht nur nahe der Grenze zur Ukraine oder nach Moldawien – da kann man schon mal ins Netz des Nachbarlands rutschen.

MEDIEN

Es gibt noch einige deutschsprachige Zeitungen. So erscheint etwa in Sibiu die *Hermannstädter Zeitung (hermannstaedter.ro)*, in Bukarest die *Allgemeine Deutsche Zeitung für Rumänien (adz.ro)*.

ÖFFNUNGSZEITEN

Viele Geschäfte haben auch sonntags und oft bis spät in die Nacht geöffnet. Zudem gibt es etliche Supermärkte, in denen du rund um die Uhr einkaufen kannst. Restaurants sind in Bukarest, in größeren Städten und gängigen Urlaubsorten in der Saison in der Regel ab Mittag bis weit nach Mitternacht geöffnet. In kleineren Orten, die nicht in bekannten Urlaubsgebieten liegen, schließen viele Küchen schon gegen 22 Uhr. Außerhalb der Saison reduzieren in vielen Urlaubsgebieten etwa am Schwarzen Meer die Lokale ihre Öffnungszeiten oder bleiben ganz geschlossen.

WAS KOSTET WIE VIEL?

Kaffee	3 Euro *ein Latte Macchiato in einem hübschen Bukarester Café*
Bier	1 Euro *0,5 l im einfachen Wirtshaus*
Essen	5–15 Euro *Tagesgericht (Dorfgasthof bis schickes Restaurant)*
Burduf-Käse	5 Euro *ein Kilo im Supermarkt*
Benzin	1,10 Euro *ein Liter bleifrei*
Schnellzug	10–15 Euro *100 km in der 1. Klasse*

POST

Postämter sind Mo–Fr 7–20, Sa 9–12 Uhr geöffnet. Eine Briefmarke für einen normalen Brief nach Deutschland kostet 7 Lei (Luftpost) und 5 Lei (Landweg). Briefkästen sind gelb oder rot und tragen die Aufschrift „Posta" *(posta-romana.ro).*

TELEFON & HANDY

Das rumänische Telefonnetz hat bis auf wenige Ausnahmen in entlegenen Dörfern europäischen Standard. Oft scheint das Netz sogar flotter als mancherorts in Deutschland. Die Vorwahl für Rumänien ist *0040*. Deutschland erreichst du unter *0049*, Österreich unter *0043* und die Schweiz unter *0041*.

Öffentliche Telefone gibt's fast keine mehr, dafür lässt sich das eigene Handy aber sorglos nutzen. Wenn ihr mit eurem deutschen, schweizerischen oder österreichischen Handy auf rumänischem Boden steht und eine Nummer in Rumänien anruft, dann ist es ein Auslandsgespräch – dementsprechend stellt ihr auch die +40 vor die Rufnummer und lasst dann die Null am Anfang der rumänischen Vorwahl weg. Rumänische Handynummern werden sowieso ohne Null angegeben. Schweizer sollten sich als Nichtmitglieder der EU zur Sicherheit vorher bei ihrem Provider schlau machen.

TOILETTEN

Öffentliche Toiletten sind meist, wenn auch nicht immer, in ordentlichem Zustand. Sie heißen *toaletă* oder WC. Wenn es nicht deutlich ist anhand von Symbolen, dann kann für Männer *bărbați* oder ein B stehen, für Frauen *femei* oder ein F.

TRINKGELD

In Hotels, Restaurants, beim Friseur und bei Taxifahrten sind 10 % üblich. Der Weinkellner erhält auch ein kleines Trinkgeld. Entweder rundest du direkt auf oder du lässt dir den Restbetrag auszahlen und dann etwas auf dem Tisch liegen. Bei Kartenzahlung kann man meist den Rechnungsbetrag auf dem Terminal um das Trinkgeld erhöhen.

ÜBERNACHTEN

Sehr viele Privatvermieter präsentieren sich inzwischen ausschließlich über *booking.com,* das sich in Rumänien fast schon als Monopolist für Übernachtungen etabliert hat. Die Qualität der Wohnungen und Apartments ist oft exzellent, man kann sie an den Bewertungen der Gäste sehr gut ablesen. Gut vertreten ist auch *airbnb.com.* Hotels und Pensionen sind ebenfalls auf den Buchungsportalen zu finden – meist gibt es keine besseren Preise auf den Seiten der Hotels selbst, sofern diese nicht schon sowieso auf eine eigene Website verzichtet haben.

Auf gut Glück ein Hotel auszuwählen, ohne vorher Rezensionen anzuschauen, empfiehlt sich nicht – zu viele der rumänischen Hotels und Pensionen sind schon in die Jahre gekommen und bieten keinen guten Standard, vor allem wenn sie sich nicht messen lassen müssen auf Buchungsportalen.

NOTFÄLLE

DIPLOMATISCHE VERTRETUNGEN

DEUTSCHE BOTSCHAFT

Str. Cpt. Av. Gheorghe Demetriade 6–8 | Bukarest | Tel. 021 2 02 98 30 | bukarest.diplo.de

ÖSTERREICHISCHE BOTSCHAFT

Str. Dumbrava roşie 7 | Bukarest | Tel. 021 2 01 56 12 | bmeia.gv.at/oeb-bukarest

BOTSCHAFT DER SCHWEIZ

Str. Grigore Alexandrescu 16–20 | Bukarest | Tel. 021 2 06 16 00 | eda.admin.ch

GESUNDHEIT

In Rumänien haben EU-Bürger nach Vorlage der Europäischen Krankenversicherungskarte (EHIC) Anspruch auf ärztliche Behandlung in Einrichtungen, die einen Vertrag mit der Nationalen Krankenversicherung *(Casa Națională de Asigurări de Sănătate)* haben. Dazu gehören fast alle rumänischen Arztpraxen, Polikliniken und Krankenhäuser. Die unterbezahlten Ärzte und Pfleger erwarten allerdings ein „Trinkgeld"– was man bei erfolgreicher Behandlung auch gern zahlt. Die rumänischen Apotheken sind mit den gängigen Medikamenten gegen Kopfschmerz, Grippe, Durchfall usw. gut versorgt.

NOTRUF

Europäischer Notruf: *Tel. 112*

WETTER IN CONSTANȚA

Hauptsaison: Juni–Sept. | Nebensaison: Jan.–Mai, Okt.–Dez.

	JAN.	FEB.	MÄRZ	APRIL	MAI	JUNI	JULI	AUG.	SEPT.	OKT.	NOV.	DEZ.
Tagestemperaturen	3°	5°	8°	13°	19°	24°	27°	26°	22°	17°	11°	6°
Nachttemperaturen	-3°	-2°	1°	6°	11°	16°	18°	18°	14°	9°	5°	0°
Sonnenschein Stunden/Tag	3	3	4	7	9	10	11	10	8	7	3	2
Niederschlag Tage/Monat	7	5	5	5	6	6	4	3	3	5	6	6
Wassertemperatur in °C	4	3	4	9	14	19	22	23	20	16	13	7

Sonnenschein Stunden/Tag · Niederschlag Tage/Monat · Wassertemperatur in °C

SPICKZETTEL RUMÄNISCH

SMALLTALK

ja/nein/vielleicht	da/nu/poate	da/nu/poate
bitte	vă rog	wö rok
danke	mulţumesc	multzumessk
Gute(n) Morgen!/Tag!/ Nacht!	Bună dimineaţa!/Bună ziua!/Noapte bună!	bunö dimineaza/bunö siua/noapte bunö
Hallo!/Auf Wiedersehen!	Bună!/La revedere!	bunö/la rewedere
Tschüss!	Pa!	pa
Ich heiße …	Mă numesc …	mö numessk
Wie heißen Sie?	Cum vă numiţi?	kum vö numizj
Entschuldige!/ Entschuldigen Sie!	Scuze!/Scuzaţi!	sskuse/sskusatzj
Wie bitte?	Poftim?	poftim
Das gefällt mir (nicht).	Asta (nu) îmi place.	asta (nu) ümj platsche
Ich möchte/Ich suche	Doresc/Caut	doressk/kaut

ZEIGEBILDER

ESSEN & TRINKEN

Die Speisekarte, bitte.	Meniul vă rog.	meniul vö rok
Könnte ich bitte … haben?	Vă rog să-mi aduceţi …	vö rok ssömj adutschezj
Messer/Gabel/Löffel	cuţit/furculiţă/lingură	kuzitt/furkulizö/lingurö
Salz/Pfeffer/Zucker	sare/piper/zahăr	ssare/pipär/sachör
Essig/Öl	oţet/ulei	ozett/ulej
mit/ohne Eis/Kohlensäure	cu/fără gheaţă/gaz	ku/förö geazö/gas
Ich möchte zahlen, bitte.	Nota de plată, vă rog.	nota de platö, vö rok
Rechnung/Quittung	nota de plată/chitanţa	nota de platö/kitanza
bar/Kreditkarte	cash/card de credit	kesch/kart de kreditt
Supermarkt	supermarket	supermarket
Markt	piaţă	pjazö
Bäckerei	brutărie	brutörije

NÜTZLICHES

Wo ist …?	Unde este …?	unde esste
Wie viel Uhr ist es?	Cât este ceasul?	küt esste tscheassul
heute/morgen/gestern	astăzi/mâine/ieri	asstösj/müine/jerj
Wie viel kostet …?	Cât costă …?	küt kosstö
Wo finde ich einen Internetzugang/WLAN?	Unde am acces la internet/WLAN?	unde am aktschess la internett/welan
Darf ich Sie/hier fotografieren?	Permiteţi să/vă fotografiez aici?	permitezj ssö/wö fotografies aitsch
nah/weit	aproape/departe	aproape/departe
offen/geschlossen	deschis/închis	desskiss/ünkiss
rechts/links/geradeaus	dreapta/stânga/înainte	dreapta/sstünga/ünainte
Fahrplan/Fahrschein	mersul/bilet	merssul/bilet
Apotheke/Drogerie	farmacie/drogherie	farmatschije/drogerije
Panne/Werkstatt	pană de motor/service	panö de mottor/sserviss
0/1/2/3/4/5/6/7/8/9/10/100/1000	zero/unu/doi/trei/patru/cinci/şase/şapte/opt/nouă/zece/o sută/o mie/	sero/unu/doj/trej/patru/tschintschj/schasse/schapte/opt/nouö/setsche/o ssutö/o mije

LESESTOFF & FILMFUTTER

ATEMSCHAUKEL

Keine leichte Kost, aber unbedingt notwendig, denn das Schicksal der Rumäniendeutschen nach dem Zweiten Weltkrieg klingt bis heute im Leben Hunderttausender nach. Herta Müller – selbst aus Rumänien – beschreibt die Deportationen in die Sowjetunion. Vor allem wegen der Atemschaukel erhielt Müller der Literaturnobelpreis. (1982)

SOLENOID

Genial, verrückt, groß nennen Kritiker das 900-Seiten-Epos des rumänischen Schriftstellermeisters Mircea Cărtărescu. Mit unglaublicher Vorstellungskraft entführt der Autor in eine irre Phantasiewelt. Große Literatur! (2019)

TONI ERDMANN

Maren Ades 3-Stunden-Meisterstück des deutschen Kinos von 2016 begeisterte Filmfans in aller Welt. Es zeigt ein modernes, lebendiges, wenn auch vom Big Business dominiertes Bukarest.

AFERIM!

2015 gewann Regisseur Radu Jude den Silbernen Bären für den Balkanwestern über das Schicksal der Roma, die in der Walachei zu Beginn des 19. Jhs. noch als Sklaven gehandelt wurden.

PLAYLIST QUERBEET

0:58

II MAGDA PUSKAS – NE BATEM JOC
Die Folk-Rock-Legende versetzt sofort in Rumänienstimmung.

▶ TOM BOXER & MORENA – DEEP IN LOVE
Er hat's geschafft: Der DJ, Musiker und Produzent Tom Boxer (bürgerlich Cosmin Simionica) ist international groß rausgekommen mit seiner Dance-Musik.

▶ ROXEN – CHERRY RED
Die 2000 geborene Pop-Sängerin war der Breakout-Star von 2020.

▶ GHEORGE ZAMFIR – DER EINSAME HIRTE
Evergreen mit dem rumänischen Altmeister der Panflöte

▶ SANDU CIORBA – PE CIMPOI
Total beklopptes Video, aber zum Lachen ist die Low-Budget-Produktion – Gangnam-Style auf Rumänisch!

Den Soundtrack zum Urlaub gibt's auf **Spotify** unter **MARCO POLO** Romania

Oder Code mit Spotify-App scannen

AB INS NETZ

LILIES DIARY
Sehr schön gemachter Blog mit flotten Texten und ansprechenden Fotos zu verschiedenen Trips: Roadtrip durch ganz Rumänien, Wochenende in Sibiu, Tipps fürs erste Mal im Land und mehr. (lilies-diary.com/reisen/rumaenien)

MEIN-RUMAENIEN.DE
Der Fotoblog ist genau die richtige Einstimmung auf eine Reise kreuz und quer durchs Land. Du kannst sogar ein wenig die Entwicklung Rumäniens nachverfolgen, denn die Bilder stammen aus dem Zeitraum 2015–2020.

ROMANIA – 4K TIME-LAPSE
Unglaublich faszinierend: In unter sechs Minuten siehst du in diesem Zeitraffervideo auf Youtube das beste eines 10 000 km-Roadtrip durch fast alle Ecken Rumäniens. Und im 2. Teil geht's weiter ...

BUCHAREST CITY APP
Wirklich guter virtueller Guide durch die höchst lebendige Hauptstadt. Natürlich gibt's Karten und Tipps für die schönsten Spazierrouten, aber auch topaktuelle Infos zu Events, Konzerten, Ausstellungen etc.

TRAVEL PURSUIT

DAS MARCO POLO URLAUBSQUIZ

Weißt du, wie Rumänien tickt? Teste hier dein Wissen über die kleinen Geheimnisse und Eigenheiten von Land und Leuten. Die Lösungen findest du in der Fußzeile. Und ganz ausführlich auf den S. 20–25.

❶ Welchen Action-Darsteller synchronisierte die rumänische Filmkritikerin Irina Nestor über viele Jahre, was zu einer spannenden Doku mit dem Namen dieses Schauspielers im Titel führte?

a) Arnold Schwarzenegger
b) Chuck Norris
c) Matt Damon

❷ Wann kam es zum Sturz der Ceauşescu-Diktatur?

a) Im Oktober 1990
b) Im September 1989
c) Im Dezember 1989

❸ Welche Volksgruppe bildet die größte Minderheit in Rumänien und spricht oft kein oder kaum Rumänisch?

a) Ungarn
b) Siebenbürger Sachsen
c) Roma

❹ Wie viele Nationalparks gibt es in Rumänien?

a) 5
b) 13
c) 9

❺ Wie viele Bären gibt es geschätzt derzeit im Land?

a) 6000
b) 800
c) 20 000

Lösungen: 1b, 2c, 3a, 4b, 5a, 6c, 7c, 8a, 9b, 10b, 11a

Im Retezat-Gebirge liegt Rumäniens erster Nationalpark. Wie viele gibt es insgesamt?

❻ Wie heißt der aus Rumänien stammende Autor des Theaterstücks „Die Nashörner"?

a) Samuel Beckett
b) Jean Genet
c) Eugène Ionesco

❼ Wer gilt als historisches Vorbild für die Figur des Grafen Dracula von Autor Bram Stoker?

a) König Mihai
b) Nosferatu
c) Vlad Țepeş

❽ Wo sorgen Schlammvulkane für Vergnügen unter den Besuchern?

a) In Berca
b) In Bukarest
c) In Sinaia

❾ In welchem Jahr trat Rumänien der EU bei – drei Jahre nach den ersten Ländern des ehemaligen Ostblocks?

a) 2004
b) 2007
c) 2010

❿ Wie hieß die berüchtigte Geheimpolizei der Kommunisten in Rumänien, deren Namen noch heute vielen einen Schauer über den Rücken laufen lässt?

a) Securitas
b) Securitate
c) Secure

⓫ Was war der spätere Diktator Ceauşescu in jungen Jahren?

a) Schusterlehrling
b) Schreinergehilfe
c) Töpfer-Azubi

REGISTER

LOB ODER KRITIK? WIR FREUEN UNS AUF DEINE NACHRICHT!

Trotz gründlicher Recherche schleichen sich manchmal Fehler ein. Wir hoffen, du hast Verständnis, dass der Verlag dafür keine Haftung übernehmen kann.

MARCO POLO Redaktion • MAIRDUMONT • Postfach 31 51
73751 Ostfildern • info@marcopolo.de

Impressum
Titelbild: Transsilvania, Sighisoara, Altstadtgasse (huber-images: J. Wlodarczyk)
Fotos: Getty Images/WaterFrame (37); huber-images: H. - G. Eiben (26/27, 76/77, 84, 126/127), R. Schmid (Klappe vorne außen, Klappe vorne innen, 1, 16/17, 24, 28/29, 104/105, 108, 113, 146/147), J. Wlodarczyk (56/57, 63, 65); N. Kern (151); laif: Keystone Schweiz (61), M. Kirchgessner (67); laif/hemis.fr: R. Mattes (48, 100); laif/Hemispher: G. Bertrand (97); laif/robertharding: M. Runkel (92/93); mauritius images: W. Bibikow (114), D. Delimont (14/15), Nebe (103), Tschanz-Hoffmann (132); mauritius images/age: B. Fischer (136/137); mauritius images/age fotostock: M. Longhurst (2/3); mauritius images/Alamy (12, V. Alecsa (50/51), D. M. Balate (72, 83, 88), R. Bercan (121), T. Christ (86), S. Colac (13, 75), J. Danilova (29 r.), R. Dziewulski (91), R. Garfield (139), J. Gaspar (34/35, 134/135, 148/149), I. Markov (128), M. Nowaczyk (123), S. Porojnicu (131), M. Wells (32/33), G. Wrona (22, 124); mauritius images/Alamy/Alpineguide (8/9, 68), C. Stan (11); mauritius images/Alamy/Averess (33 r.); mauritius images/Alamy/Bymandesigns (98); mauritius images/Alamy/Cavan images (118); mauritius images/Alamy/Mountain Clubs (54); mauritius images/Blend Images: J. Woodhouse (40/41); mauritius images/Documentary/Alamy: P. E. Forsberg (47); mauritius images/Hemis.fr: R. Mattes (6/7); mauritius images/imageBroker: C. Handl (53), F. Scholz (21); mauritius images/imagebroker: P. Williams (Klappe hinten); mauritius images/Loop Images: E. Nathan (10); mauritius images/photononstop: Y. Travert (44, 110); mauritius images/Stockimo/Ciaobucarest: J. Danilova (30)

13. Auflage 2022, komplett überarbeitet und neu gestaltet

Autoren: Nils Kern, Kathrin Lauer
Redaktion: Christina Sothmann
Bildredaktion: Gabriele Forst
Kartografie: © MAIRDUMONT, Ostfildern (S. 38–39, 128, 130, 134, Umschlag außen, Faltkarte); © MAIRDUMONT, Ostfildern, unter Verwendung von Kartendaten von OpenStreetMap, Lizenz CC-BY-SA 2.0 (S. 42–43, 51, 58–59, 64, 71, 78–79, 80, 94–95, 106–107, 117)
Als touristischer Verlag stellen wir bei den Karten nur den De-facto-Stand dar. Dieser kann von der völkerrechtlichen Lage abweichen und ist völlig wertungsfrei.
Gestaltung Cover, Umschlag und Faltkartencover: bilekjaeger_Kreativagentur mit Zukunftswerkstatt, Stuttgart; Gestaltung Innenlayout: Langenstein Communication GmbH, Ludwigsburg
Spickzettel: in Zusammenarbeit mit PONS GmbH, Stuttgart
Texte hintere Umschlagklappe: Lucia Rojas
Konzept Coverlines: Jutta Metzler, bessere-texte.de

Printed in Poland

FSC www.fsc.org MIX Paper from responsible sources FSC® C018236

MARCO POLO AUTOR
NILS KERN

Auf der steilen, sehr alten und scheinbar wackeligen Holztreppe einer Kirchenburg in Siebenbürgen hat der Osteuropa-Korrespondent und Buchautor schon mal Rumänien verflucht. Nur um dann oben im Kirchturm stehend, mit dem tollen Panorama vor Augen, alles sofort wieder zurückzunehmen. Er kann diesem großartigen, wilden, aufstrebenden und liebenswerten Land einfach nicht lange böse sein.

BLOSS NICHT!

FETTNÄPFCHEN UND REINFÄLLE VERMEIDEN

BEI DUNKELHEIT AUTO FAHREN

Zwar ist inzwischen alles halb so schlimm, besonders in Siebenbürgen: Es wurden schon viele Straßen modernisiert. Dennoch können schon noch immer gelegentliche Schlaglöcher die Mitfahrer unsanft aus dem Schlaf rütteln. Und nicht jeder Traktor oder Radler ist vorschriftsmäßig beleuchtet.

PROST SAGEN

Keine Sorge, Ihr könnt euch in Rumänien ruhig zuprosten – aber das deutsche Wort lasst lieber stecken. Denn „prost" heißt im Rumänischen „dumm". Für gute Stimmung sorgt „noroc", was so viel wie „Glück" bedeutet.

MIT LEEREN HÄNDEN EINEN BESUCH MACHEN

Wenn sich Rumänen besuchen, haben sie immer ein Kleinigkeit in der Hand – einen Blumenstrauß, ein Getränk oder ein paar Brezeln. Bist du eingeladen, schenk Blumen nur in ungerader Zahl. Gebinde mit einer geraden Anzahl sind nur für Tote bestimmt.

UNGEFRAGT ROMA FOTOGRAFIEREN

Es sind sicher schöne Motive: die bunt gekleideten Romafrauen, die dir unterwegs begegnen. Aber frag vorm Knipsen einfach mal nett nach. Denn bei manchen Romaclans gilt das Abbilden als Verlust der Seele. Es kann auch passieren, dass die Roma fürs Foto Geld verlangen.

LEICHT BEKLEIDET IN KIRCHEN GEHEN

Rumänien ist voll von herrlichen Klöstern, die man einfach besucht haben muss. Die Orthodoxen sind bei ihren Verhaltensregeln aber noch ein wenig strenger. Deswegen unbedingt die Schultern und wenn möglich auch die Beine bedecken.